日本古代国家と

運命の鏡**隅田八幡鏡**は物語る

天皇の起源

Junji Hayashi
林 順治

彩流社

はじめに

アマテラスも八幡神も、古代から天皇家の始祖神として崇拝され祭られてきた。しかし二つの始祖神はその誕生も成り立ちも大きく異にしている。

「われわれはすでに大八洲国《おおやしまこく》と山川草木《さんせんそうぼく》を生んだ。天下の主たる者を生もう」と言われて生まれたアマテラスは輝くことあまりにも明るく美しいので、イザナキとイザナミはアマテラスを天の柱を伝わせて天上に送った。

天上に送られて二度と地上に降り立つことのなかったアマテラスは、日の神とも大日孁貴《おおひるめのむち》とも日神とも呼ばれ、五世孫ヒコホホデミ（彦火火出見＝神武）の東征を助け、人にして神、神にして人の神武を初代天皇として大和橿原で即位させた。その時は紀元前六六〇年、干支は辛《しん》酉《ゆう》の年であった。

アマテラスは万世一系天皇の物語「記紀」（『古事記』と『日本書紀』）の主役であり、天皇家の揺るぎのない皇祖神である。「記紀」には一度も登場しなかった八幡神とはくらべようもない隔絶たる天つ神である。

一方の八幡神が一躍注目されるようになったのは孝謙天皇（聖武天皇の子）の即位式（七四九年）に宇佐から上京し、東大寺大仏の守護神として復活した時である。のち源氏三代（頼信・頼義・義家）の初代河内源氏の源頼信は、誉田《ほむた》陵（応神陵）に納めた「告文《こうぶん》」によって「大菩薩の聖体（応神天皇）は源氏の二二世の氏祖である」と自らの出自を明らかにした。

この中世武士団の棟梁《とうりょう》による第一五代天皇応神を始祖とする宣告も地方豪族に対して効果はあっても、中央にはさほど大きな影響を与えることはなかった。しかし応神天皇が源氏三代の始祖王であることは、史実に見合う本当のことである。

たしかに源頼信の告文の約二〇〇年前から桓武天皇（在位七八一―八〇六）を始祖と、する源氏（臣籍降下）二一流の天皇になれなかった都にすむ平安貴族の皇子や皇女にとって、宇佐から石清水に遷座した八幡神は熱烈なる崇拝の対象となった。

たとえば、藤原道長に娘倫子《りんこ》を嫁がせた宇多天皇（在位八八七―八九七）の孫左大臣源雅信は「南無八幡大菩薩云々」という念誦を毎日百回行うことを日課にし、かつまた「音楽堪能、一代之名匠也」といわれるほど琵琶の名手であった。

さてここで、現在の私たちの時代に近い明治維新前後にアマテラスが突如として現れ、物議をもたらした二つの事件を紹介しようと思う。一つはアマテラスのお札《ふだ》が天から降ったという摩訶不思議なデマが起爆剤となって〝ええじゃないか〟騒動が四国・阪神地方を中心に起こった。もう一つのアマテラスが関係する政治的事件は、水戸の脱藩浪士一七名、薩摩藩の浪士一名による大老井伊《いい》直弼《なおすけ》を暗殺した桜田門外の変（一八六〇年）である。

漱石と同年に香川県の山村に生まれ、後、類《たぐい》まれなるジャーナリストとなった宮武外骨《がいこつ》（一八六七―一九五五）について一言述べておく。宮武外骨は、大日本帝国憲法公布の一七日後に出版した雑誌の図が不敬罪とされ、石川島に三年の獄中の身となった。その図とは、一段高い壇上から骸骨が正装した頓智協会員に頓智研究法を授けている様子を描いたものであった。その後も、外骨は数々の筆禍事件で入獄したが、警察署長に「あなたの性格はイッごろからソンナに変わったのですか」と聞かれ「遺伝でも両親の教育のせいでもない」とその時は答えたが、その後、外骨は〝えいじゃないか〟の影響だと確信するようになったと、自伝に記している。というのは外骨の生れた家は庄屋であったので、何度も〝ええじゃない〟に襲われたからである。

もう一つのアマテラスがからむ政治的事件のきっかけとなる「公武合体構想」は「天照大神の御はからい、朝廷の御任によりて、東照神御祖命《あずまてるかみのおやみこと》よりつぎつぎ、大将軍家の天下の御政《おんまつりごと》をば敷行《しきおこな》わせ玉ふなり」という本居宣長（一七三〇―一八〇一）の思想を根幹としている。

本居宣長の思想によれば徳川家康を祭神とする東照神御祖命は、アマテラスの亜流であるから、もとはといえば朝廷が幕府に政治を委任している。幕府は力の後退という避けがたい政治状況のなかで、アマテラスを祖とする天皇を政治の場に引き出し「公」の論理として位置つげる必要があった。

幕府による「公武合体構想」は、諸藩からの激しい批判とあいまって下級武士から澎湃《ほうはい》として起こった「攘夷」という激しい突き上げを回避する窮余の策であった。佐幕は読んで字のごとく幕府を助け、尊王は天皇を尊《たっと》ぶ行為である。二つの行為は相矛盾する。

しかし本居宣長がいうように、天皇に委任されているのだから、委任された徳川幕府は駄目になったら、委任する天皇を持ち出し再建するしかない。攘夷とはまさに対外的、かつ国際的な問題であるから「東照神」では駄目で「天照大神」でなくてはならない。

当初、幕府再建の論理の主体は水戸学をベースにする佐幕的尊王論であった。しかし、水戸学の藤田東湖ら佐幕尊王論を尊王論に切り替えたのが吉田松陰（一八三〇—一八五九）である。松陰は松下村塾を開き、維新政府で名を成した高杉晋作、伊藤博文、山縣有朋らの面々を教育した。のち桂小五郎（木戸孝允）の手付として江戸詰めしていた伊藤博文は、松陰が安政の大獄で斬首された際、師松陰の遺骸を引きとった。

明治二年一月の薩長土肥の藩主がそれまで所有していた領有・領民を天皇にもどす「版籍奉還」の上表文の冒頭には次のように書かれている。


天祖はじめて国を闢《ひら》き基《もとい》を建《たてたま》ひしより、皇統一系万世無窮、譜天率土、その臣に非《あら》さるはなし。

同月、初代兵庫県知事伊藤博文（一八四一—一九〇九）は「君主政体」などを盛り込んだ『国是項目』を提出し、のち大日本帝国憲法公布（一八八九年）の立役者となった。伊藤博文は『憲法義解《ぎかい》』という各条文の解説書を憲法発布の四ヵ月後の六月に発行した。

実質は井上毅《こわし》の作成によるものだが、著作権者は伊藤博文になっている。『憲法義解』は明治二一年に完成していた憲法草案が元になった。『憲法義解』の「万世一系天皇之を統治する」の解説は「神国開国以来、時に盛衰ありといえども、世の乱性ありといえども、皇統一系宝祚《ほうそ》の隆《さかえ》は天地と与《とも》に窮《きわまり》なし」とある。

この「天壌無窮《てんじょうむきゅう》の詔勅《しょうちょく》」はアマテラスが皇孫のホノニニギに玉と鏡と剣を与えて、「葦原の千五百秋瑞穂国《ちいほあきのみずほのくに》は我が子孫が君主たるべき地である。汝、皇孫よ行って治めなさい」に続く言葉である。

一九四五年四月二二日ソ連軍によってベルリンは陥落した。その月の二九日ヒトラーは愛人エヴァ・ブラウンと官邸の地下壕で結婚式をあげ、翌日、エヴァ・ブラウンとともに自殺した。ヒトラーは一通の遺書を残したが、それには「開戦の責任はすべてユダヤ人およびユダヤ人のために働く政治家にある」と書かれていた。ヒトラーは最後までユダヤ人憎悪という誤ったイデオロギーから逃れることができなかった。

同年五月七日ドイツは北フランスのランスにあるアイゼンハワー司令部で無条件降伏の調印をした。いっぽう日本は五月四日に始まったアメリカ軍の沖縄上陸作戦に対する日本軍の総反撃は完全に失敗し、日本側の死者二四万人、内、正規軍六万人、防衛隊二万八〇〇〇人、沖縄住民および戦闘協力者一五万人に達した。今井正監督の映画『ひめゆりの塔』（一九五三）に沖縄の悲劇が象徴的に描かれている。

内大臣の木戸幸一は日記に「今、真剣に考えねばならないのは、三種の神器の護持のことです。これを守らないと皇統二千六百有余年の象徴を失うことになります。結局、皇室も国体も護持得ざることとなります」と天皇に進言したことを日記に書いている。その六日後の昭和二〇年（一九四五）七月三一日、天皇は木戸の進言に対して次のように答えた。世界史上はじめて、ヒロシマに原爆が投下される一週間前のことである。

先日、内大臣の話した伊勢神宮のことは誠に重大なことと思い、種々考えていたが伊勢と熱田の神器は結局自分が持参して御守りするのが一番よいと思う。しかしこれは何時御移しするかはいかがなものかと思う故、信州の方へ御移しすることの心組で考えてはどうかと思う。この辺、宮内大臣ととくと相談し、政府とも交渉してもらいたい。万一の場合は自分が御守りして運命をともにするほかはないと思う。

木戸幸一の日記を通称「木戸幸一日記」という。この日記は木戸が内大臣秘書官となった一九三〇年から極東軍事裁判（東京裁判）の被告（A級戦犯）として巣鴨拘置所に収容されるまでの記録である。

敗戦までの記録は東京裁判の際に木戸本人の証拠書類として提出されたが、木戸幸一は明治の元勲木戸孝允《たかよし》（桂小五郎）の孫にあたる。前内大臣牧野伸顕《まきののぶあき》が大久保利通（一八三〇―一八七八）の次男であったように、昭和天皇は維新元勲の師弟を身近に登用した。これら天皇の身辺に仕える人たちは「宮中グループ」と呼ばれた。

＊　＊

本書『日本古代国家と天皇の起源』は『古事記』も『日本書紀』もほぼ同時に藤原不比等によって造られたとする上山春平や石渡信一郎の説を受けて日本古代国家の起源＝天皇の起源を質《ただ》した。もし二人が正しいとすれば、アマテラスの誕生と伊勢神宮の内宮（アマテラス）と外宮（豊受大神）の創建は天武・持統から藤原不比等に引き継がれ、不比等が権力の絶頂期にいた約二〇年の間にでき上がったと考えることができる。

アマテラスが「記紀」（『古事記』も『日本書紀』）編纂時に誕生したのであれば、アマテラスは加羅系渡来集団の始祖崇神・垂仁が祭ったアマテルを自分の妻神（ヒメ神）とした八幡神よりもっとあとに遅れて生れた神であることがわかる。

藤原不比等は天武→持統（女性天皇）→文武→元明（女性天皇）→元正（女性天皇）→聖武天皇→孝謙天皇（女性天皇）と皇位継承の危機的状況が予想されるなか、「日本」という呼び名にふさわしいアマテル神でもなく、八幡神でもなくアマテラス神をつくった。アマテラスが女神であるのはそのためである。

本書はアマテラスを祖とし神武と初代天皇とする万世一系天皇の物語「記紀」を検証し、日本古代国家は新旧二つの朝鮮半島から渡来した加羅系と百済系の集団によって建国されたことを明らかにする。そのために次の三つの説の助けを借りたことをお伝えしておく。

一つはジークムント・フロイトが晩年の著作『モーセと一神教』で指摘した「二つの民族集団の合体と崩壊。すなわち最初の宗教は別の後の宗教に駆逐されながら、後に最初の宗教が姿を現し勝利を得る」という心的外傷（トラウマ）の二重性理論である。（拙著『天皇象徴の起源と私の哲学』参照）

二つは石渡信一郎の一連の実証的研究をつらぬく命題「新旧二つの朝鮮半島からの渡来集団による日本古代の成立」、すなわち加羅系と百済系による二つの倭王朝説である。

三つは井原教弼《みちすけ》が提唱した「干支一運六〇年の天皇紀」である。井原教弼は『日本書紀』編纂者による日本建国史の改作のシステム「神武を初代天皇とする皇紀二六〇〇年」の〝虚と実〟を明らかにした。

目次

序章　万世一系天皇と津田左右吉

◈火の球、原子爆弾の誕生

アメリカ合衆国ニューメキシコ州北部のロスアラモスでトリニティ（三位一体）という名の原爆実験が行われたのは、ポツダム会談が始まる前日の一九四五年七月一六日午前五時二九分四五秒であった。実験成功の報告が国務長官ヘンリー・スチムソンからイギリス首相チャーチルの手に一枚の紙切れとして渡されたのは七月一七日の午後である。その紙切れには「赤ん坊は、満足に生まれた」と書かれていた。そしてスチムソンは「原子爆弾が誕生したのです」と言った。

ロスアラモスの原爆実験に立ち会って、火の球を見た科学者の一人イサク・ラビは「突然、巨大な閃光が見えた。これは誰も見たことがない明るい光だ。それは爆発し、襲いかかり、まさに人を押しのけて進んだ。そこにあったのは巨大な火の球で、それはずんずん大きくなりながら回転した。黄色い閃光を放って空中に上がり、深紅になり、緑色に変わっていった」と報告した。

広島・長崎への原爆投下の衝撃がまださめやらぬ一九四六年（昭和二一）の四月一〇日の木

曜日、新選挙法による戦後第一回の衆議院議員総選挙が幣原《しではら》喜重郎内閣のもとで行われた。この日は連合国軍最高司令官マッカーサーの承認による天皇の神格否定の詔書、いわゆる「人間宣言」(一九四六・一・一)からちょうど一〇〇日目であった。

総選挙の有権者数は男一六三二万人、女二〇五五万人、投票率は男七八・五二%、女六六・九七%。東京、大阪、北海道、兵庫、福岡、愛知、新潟が二つの選挙区、それ以外の府県が全県一区の全国五三選挙区で四六六議席を争った。

この選挙は前回一九四二年(昭和一七)の第二一回選挙の際の有権者数一四六〇万人の二・五倍を超えた。というのは今回の選挙から選挙権・被選挙権の年齢が男女問わず選挙権が満二〇歳以上、被選挙権が二五歳以上に引き下げられたからである。

しかし戦後まもない混乱にくわえ、復員軍人、引揚者、疎開者など選挙名簿の不備により、投票できない有権者が続出した。議席数の多い順からあげると、日本自由党一四〇、日本進歩党九四、日本社会党九二、日本協同党一四、日本共産党五、諸派三八、無所属八一の選挙結果であった。この選挙で日本初の女性議員三九名が誕生した。

◇沖縄の人、漢那憲和《かんなけんわ》

しかし戦後初のこの総選挙で沖縄県民が除外されたことはあまり知られていない。というのは前年の一九四五年一二月一七日の第八九回臨時帝国議会(召集一一・二六、解散一二・一八)の衆議院選挙法の改正により婦人参政権は実現したが、沖縄県民の選挙権が停止されたからである。その選挙法改正の中に付則というのがあり、旧植民地出身の台湾・朝鮮人の選挙権が停止され、沖縄県民の代表は一九四六年六月に開催された第九〇回帝国議会における日本国憲法（一九四六・一一・三公布）の審議の場にはいなかった。

　事実、第八九回臨時帝国議会の選挙法改正の審議の時、幣原内閣（一九四五・一〇・九―四六・五・二二）の政権政党の進歩党に所属する漢那憲和《かんなけんわ》（一八七七―一九五〇）は、沖縄県民の選挙権喪失に抗議して「この度の戦争において沖縄県の払いました犠牲は、その質においておそらく全国第一ではありますまいか」と演説をした。

　ちなみに漢那憲和は昭和二年（一九二七）、沖縄から衆議院議員に立候補して当選し、以後、当選五回、勤続一〇年におよんだ。五回のうち四回は最高得票であった。昭和二〇年には衆議院議長候補に擬せられた。

　しかし昭和二〇年六月一四日の小禄《おろく》（沖縄県那覇市最南端に位置する地区。現在那覇空港があり、モノレールが市内を経て空港と首里駅を結ぶ）にあった海軍部隊が米軍上陸によって全滅した。一五日米内光政《よないみつまさ》（一八八〇―一九〇八。当時、海軍大臣）に招かれ、六月六日付の海軍沖縄特別根拠地隊司令官大田実少将（自決後中将に昇進）の海軍次官宛の「沖縄県民かく戦えり！」の電文を見せられた漢那憲和は肩をふるわせて嗚咽を耐えていたという。

　この漢那憲和も昭和二一年一月四日の連合国最高司令官覚書「公務従事に適しない者の公職からの除去に関する件」、いわゆる公職追放令によって国会議員を失職した。漢那憲和は昭和天皇の皇太子時代に欧州遊学の際の「香取」の艦長を務めたことで知られ、沖縄那覇出身の民俗学者、言語学者として有名な伊波普猷《いはふゆう》が中学校で同期であった。

◇A級戦犯二八名

ところで第八九回臨時帝国議会の解散時二七四議席あった進歩党は安定政権を目論んだが、完全にあてがはずれた。首相の幣原《しではら》喜重郎（一八七二―一九五一）は諸派・無所属、さらに社会党との提携に図ろうとしたが、逆に自由・社会・協同・共産四党が幣原内閣打倒共闘委員会を結成したので、幣原首相は四月二二日総辞職した。その後、第一次吉田茂内閣（一九四六・五・二二―四七・五・二四）が誕生するまで一カ月にわたる内閣空白という異常事態となった。

第八九回臨時帝国議会を解散した一九四五年一二月一八日、旧民主党、旧政友会からなる第一党の進歩党は総裁を町田忠治、幹事長に鶴見祐輔を選出したが、現職議員の大半が公職追放令に該当し、被選挙権の資格を失ってしまった。急遽、若手の犬養健《たける》、保利茂らが自由党の芦田均（一八八七―一九五九）に働きかけて総裁にした。

自由党は進歩党より少し早く、総裁に鳩山一郎（一八八三―一九五九）、幹事長に河野一郎を選んで日本自由党を結成した。船田中と赤城宗徳が中心となった国民協同党では、総選挙後、三木武夫が書記長になった。西尾末広、平野力三ら旧社会党右派は河野密、浅沼稲次郎ら旧日本労農党系の中間派、さらに鈴木茂三郎、加藤勘十ら旧無産党の左派と合流して社会主義単一政党を結成した。

共産党は一〇月一〇日、府中拘置所から出所した徳田球一、志賀義雄らが一二月はじめ日本共産党を再建し、翌年一月に中国延安《えんあん》から帰国した野坂参三は徳田らに加わった。

四月一〇日の総選挙後、各党は後継内閣で足並みがそろわない状態が一ヵ月ほど続いたが、ようやく自由党の鳩山一郎総裁でまとまりかけた。しかし、その直前の五月四日、GHQは自由党総裁の鳩山一郎の公職追放令を政府に通達した。しかもその前日の五月三日には極東軍事裁判が開廷され、この日、東京市ヶ谷の旧陸軍省大講堂の被告席に座ったA級戦犯二八名は次の通りである。


荒木貞夫、土肥原賢二、橋本欣五郎、畑俊六、平沼騏一郎、広田弘毅、大川周明、大島浩、佐藤賢了、重光葵、嶋田繁太郎、白鳥敏夫、鈴木貞一、東郷茂徳、星野直樹、板垣征四郎、賀屋興宣、木戸幸一、木村兵太郎、小磯国昭、松井石根、松岡洋右、南次郎、武藤章、永野修身、岡敬純、東条英機、梅津美治郎。

◇日本国憲法の公布

五月一日、戦後初のメーデーの皇居前広場に五〇万人の大衆が集った。勢いにのった社会党片山哲書記長は、社会党首班の連立内閣を目指したが各党の同意を得ることができなかった。

五月九日、鳩山一郎は幣原内閣の外相吉田茂（一八七八―一九六七）に日本自由党の総裁を懇願した。吉田はいったん断わったが、一五日、受諾した。

五月二二日、第一次吉田内閣（一九四六・五・二二—四七・五・二四）は自由党と進歩党の連立によって成立した。閣僚の主な顔ぶれは大蔵・石橋湛山、文部・田中耕太郎、厚生・河合良成、農林・和田博雄であった。このころ各地に米よこせデモが頻発、五月一九日の食糧メーデーは「反動政府打倒」「民主人民政府樹立」をスローガンとする二五万人のデモが皇居前を埋めつくした。

翌日、マッカーサーは「暴民デモ許さず」と大衆示威運動にたいする声明を発表した。というのは、アメリカ大統領トルーマンに招かれた元イギリス首相のチャーチルがミズーリ州のウェストミンスター大学で米ソ冷戦の緊張関係を示す「鉄のカーテン」の演説（三月五日）を行って以来、共産主義に対するマッカーサーの態度は大きく変わった。

七月二日極東委員会は新日本国憲法の基本原則を採択した。八月二四日衆議院は憲法改正案を修正可決し、一〇月七日貴族院で修正された憲法改正案を可決して、日本国憲法は成立した。そして一九四六年（昭和二一）一一月三日、日本国憲法が公布されたのである。

◈「皇室典範」改正論議

一九四五年（昭和二〇）三月東京帝国大学の法学部部長に就任した南原繁（一八八九—一九七四）は高木八尺、田中耕太郎、我妻栄、岡義武らとともに終戦工作にかかわるが、敗戦を迎え、一二月、南原繁は東京帝国大学の総長に就任した。

一九四七（昭和二二）五月、南原繁貴族院議員（勅選議員）は単独講和を主張した当時の内閣総理大臣吉田茂に対し全面講和論をかかげて論争となった。このことで吉田茂から「曲学阿世の徒」と名指しで批判された。辞書によると「『曲学』は真理を曲げた正道によらない学問。『阿世』は世におもねる意。『阿』はへつらいおもねる意」とある。

南原繁には西欧の政治哲学とキリスト教をバックボーンにした『国家と宗教――ヨーロッパ精神史の研究』（昭和一七年）、『フィヒテの政治哲学』（昭和三四年）などの著作がある。その南原繁は昭和二〇年一二月一七日、皇室典範《こうしつてんぱん》を審議する貴族院本会議で「天皇の自発的退位」の規定を設けることを主張した。

しかしこの南原繁の「昭和天皇の退位を主旨とする案」は反対多数で否決された。のち南原繁は教え子にあたる丸山真男と福田歓一との対談記録『聞書き　南原繁回顧録』（東京大学出版会、一九八九）を出版した。その内容の一部を次に紹介する。

「天皇問題について伺いたいのですが、『皇室典範』の改正で先生は天皇退位の問題をあらためて主張されたと思います。それはどういうご趣旨ですか」福田歓一。

「それは、次の第九一回帝国議会、昭和二一年の一二月のことです。新憲法の成立にともなって、『皇室典範』の改正が企てられた。しかも、これが議会の自由な討議に付せられた。これは全く歴史的事件です。ここで、他の点は自由な民主的精神で一新されているのに、ひとり『皇位継承』については退位ないし譲位の規定が欠けている。私はこの点を問題にしたわけです。さきにも申し上げた通り、その基本は天皇の道徳的・自由意志を尊重せよということにあります。それにもとづく天皇の進退が行われなければ、日本の道義的・精神的礎石は据えられない。それには典範自身のなかでその道を開いておかないことにはどうしようもないですからね。ところが、典範でその途を閉鎖している。その点においては古い皇室典範と変らなかった。人間天皇は依然として自由意志のないという結果になったわけですね」南原繁。

◇元総理大臣近衛文麿、自殺

同じ頃、近衛文麿（一八九一―一九四五）に委嘱され、天皇退位のための皇室典範の改正を含む憲法改正案の作成に取り組んでいた同じ勅選議員の京都帝国大学法学部教授の佐々木惣一も同審議会で女子の皇位継承を認めていない皇室典範について質問をしている。

このような本質的な議論がなされたのは、公職追放のため院議員が足りなくなり、多くの学者が学識経験者として貴族院議員に選ばれ、昭和二二年大日本帝国憲法の廃止と日本国憲法の施行によって貴族院は廃止され、新設の参議院に引き継がれたからである。

憲法学者佐々木惣一（一八七八―一九六五）をブレーンにして憲法改正案の作成に専念しようとしていた近衛文麿であったが、一九四五年（昭和二〇）一二月六日GHQからの逮捕命令が伝えられ、A級戦犯として極東国際軍事裁判で裁かれることになった。巣鴨拘置所に出頭を命じられた近衛は最終期限日の一二月一六日の未明に荻外荘《てきがいそう》（杉並区荻窪の別荘）で青酸カリを服毒して自殺した。歴代総理大臣のなかで死因が自殺である人物は近衛がただ一人である。

◇日本国憲法と大日本帝国憲法

皇室典範とは日本国憲法第二条及び第五条に基づき、皇位継承及び摂政に関する事項を中心に規定した皇室に関する法律であるが、大日本帝国憲法と同時に裁定（勅定）された旧皇室典範（大日本帝国憲法）の第一条の「大日本国皇位ハ祖宗ノ皇統ニシテ男系ノ男子之ヲ継承ス」とほとんどかわらない。現在の「皇室典範」（昭和二二年一月一六日法律第三号）の第一条「皇位は皇統に属する男系の男子がこれを継承する」はよく知られている。

日本国憲法「前文」にあたる大日本帝国憲法の「上諭《じょうゆ》」の「朕祖宗《ちんそそう》の遺烈《いれつ》を承《う》け万世一系《ばんせいいっけい》の帝位を践《ふ》み朕か親愛する所の臣民《しんみん》は……」に続く「第一条、大日本帝国は万世一系の天皇之を統治す。第二条、皇位は皇室典範に定むる所に依り皇男子孫《こうだんしそん》之を継承す。第三条、天皇は神聖にして侵すべからず。第四条、天皇は元首にして統治権を総攬し此の憲法の条規に依り之を行ふ」とある。

また、大日本帝国憲法の一条から四条にあたる日本国憲法は「第一条、天皇は，日本国の象徴であり日本国民統合の象徴であって、この地位は，主権の存する日本国民の総意に基く。第二条、皇位は世襲《せしゅう》のものであって、国会の議決した皇室典範《てんぱん》の定めるところにより、これを継承する。第三条、天皇の国事《こくじ》に関するすべての行為には、内閣の助言と承認を必要とし、内閣が、その責任を負う。第四条①、天皇は、この憲法の定める国事に関する行為のみを行い、国政に関する機能を有しない。②天皇は法律の定めるところにより、その国事に関する行為を委任することができる」とある。

◆不敬罪事件

ちょうど第一回衆議院選挙が行われたころに発行された『世界』四月号に津田左右吉（一八七三—一九六一）は「建国の事情と万世一系の思想」を発表した。津田左右吉といえば昭和一五年二月一〇日『古事記及び日本書紀の研究』が発禁処分にされ、「皇室の尊厳を冒瀆する罪」で岩波書店の創業者とともに起訴されたことで有名である。「不敬罪事件」とも呼ばれている。

岐阜県美濃加茂市に生まれた津田左右吉は東京専門学校（現早稲田大学）を卒業後、千葉の中学校教員→満鉄東京支社の満鮮地理歴史調査室研究員（研究室長は白鳥庫吉）を経て大正七年（一九一八）に早稲田大学で講師として東洋史、東洋哲学を教えた。

翌年には『古事記及び日本書紀の新研究』を発表し、大正九年（一九二〇）に早稲田大学文学部教授になった。津田は大正一三年の『神代史の研究』で、前著と同じように神武天皇以前のいわゆる「記紀」の神話関係の部分は後世の潤色が著しいとして史料批判を行った。

昭和一五年（一九四〇年）二月一〇日、時の政府（米内光政内閣、文部大臣松浦鎮次郎）は、『古事記及び日本書紀の研究』『神代史の研究』『日本上代史研究』『上代日本の社会及思想』の四冊を発売禁止の処分にした。津田は同年一月文部省の要求により早稲田大学教授も辞職した。

津田と出版元の岩波茂雄は同年三月に「皇室の尊厳を冒瀆した」として出版法（第二六条）

違反で起訴され、昭和一七年五月津田は禁固三カ月、岩波は二カ月、ともに執行猶予二年の判決を受けた。津田は控訴したが、昭和一九年（一九三九）時効、免訴となった。

ところで先の昭和二一年四月号の『世界』に掲載された津田左右吉の「建国の事情と万世一系の思想」の話に戻る。

一九四六年一月に創刊された雑誌『世界』の初代編集長は吉野源三郎であった。創業者の岩波茂雄は、『世界』四月号が発売された一ヵ月後の一九四六年四月二五日に脳溢血の後遺症で亡くなった。雑誌『世界』の創刊から五月ごろまでの一九四六年という年は、まさに激変の政治社会状況の中にあった。

一月一日の天皇による神格否定の宣言に始まり、GHQによる公職追放、二月の農地改革、自由党総裁鳩山一郎による反共国民戦線の提唱、幣原政府とGHQとの憲法改正の虚虚実実の交渉などを経て、四月一〇日には新選挙法による戦後初の衆議院選挙が行われ、五月三日に極東軍事裁判が東京市ヶ谷で開廷された。

◈万世一系の思想

『世界』四月号に津田が発表した約三万二〇〇〇字に及ぶ論文「建国の事情と万世一系の思想」は、二〇〇頁の単行本の約三分の一になる。家永三郎によれば津田左右吉は後の単行本や全集などへの収録を考慮して、徹底した補筆修正をした。

したがって雑誌『世界』に掲載された発表当時の論文からではなく、『津田左右吉全集第三巻』（『日本上代史の一研究』の巻末付録）から引用する。私の要約に物足りないようであれば、県立図書館か市・区立図書館クラスであれば見ることができる。

日本国家は日本民族という一つの民族によって形成された。この日本民族は近いところに親縁の民族をもっていない。本土の東北部に全く人種の違うアイヌ（蝦夷）がいた。日本民族の原住地も移住の道筋もまったくわからない。南方から海を渡ってきたという説もあるが、日本民族は遠い昔から一つの民族として生活してきたのであって、民族の混和によって形づくられたのではない。

日本民族は多くの小国家にわかれていたが、政治権力と宗教権力も有していた。日本民族の存在が世界史的意義をもつようになったのは、九州西北部の小国家が海を渡って朝鮮半島を西北部に進み、当時、その地方に進出していた中国人と接触してからである。中国の文物を受け入れることによって、九州地方の小国家は権威を高め、富をたくわえ、朝鮮半島を背景とした諸君主の間にしだいに力の差が生じた。

三世紀ごろヤマト（邪馬台、今の筑後の山門）の女王卑弥呼がほぼ北九州全域を支配するようになった。九州地方の諸君主が得た製品や技術は、瀬戸内海航路を経て近畿地方に伝わった。近畿地方を領有する政治的勢力は、ヤマト（大和）の皇室の祖先とする君主であることはほぼ知られている。その勢力がどれだけの範囲であり、いつからの存在であり、どのようにしてうち立てられたのかわからない。二世紀ごろにそのような勢力が存在したらしい。

大阪湾岸地域を勢力範囲にふくむ大和は、瀬戸内海航路によって北九州と行き来した。皇室が祖先とする大和小国家は、いつの時からか北九州地方の小君主を服属させ、統御し、直接の領土として治めたと考えられる。三世紀になると大和の君主が東は東北地方、西は出雲地方に領土を拡大した。これには西からの新しい文物の利用と技術の獲得によるところが大きいが、いわゆる創業の主に相当する君主の力にもよる。

創業の主は険要の地大和と肥沃な淀川の平野と海路の要地を有し、諸小国の上に君臨するようになる。四世紀になるとアジア東北部の遊牧民が朝鮮半島の中国人の政治勢力を駆逐したので、邪馬台国の君主はその頼るべき力を失った。

その機に乗じて大和勢力は九州に進出して彼らを服属させたのである。さらに南九州のクマソなどの諸小国を服属させた大和勢力は、東北のアイヌ（蝦夷）をふくめて日本民族の住地のほとんどを支配下におさめた。

神武東征はけっして歴史的事実を語ったものではない。私の考えでは皇室の基礎が固まった六世紀のはじめごろ、日本民族が皇室のもとに統一されてから、かなり歳月を経た後、皇祖が太陽としての日の神とさせられ降り立つ地を日向としたために大和と日向を結びつける東征神話をつくったのである。

国家統一はどのような方法でおこなわれたのだろうか。もともと日本民族が多くの小国家にわかれていても、その間に絶えざる戦争があったというのではなく、武力的競争によってそれらの国家が存在したのではなかった。皇室は多くの君主を服属させることができたのは、皇室がもともとそれら小国家君主の家の一つであったからであるが、その勢力の発展が戦争によるものではなかった。

万世一系の皇室という観念が生じまた発達した歴史的事情は、次のようなことが考えられる。一つは皇室が日本の外から来てこの民族を征服しそれによって君主の地位と権力を得たのではない。民族の内から起こって次第に周囲の諸小国を服属させたのである。二つ目は異民族との戦争はなかった。日本民族は島国に住んでいたために、同じ島に住んでいたアイヌの外に異民族はいないし、また、四世紀から六世紀にかけて朝鮮半島および中国大陸は群雄割拠の時代であった。彼らは海を渡ってこの国に進撃してくるようなことはなかった。

三つ目は、日本の古代には政治らしい政治、君主としての事業らしい事業はなかった。天皇は自ら政局に与かることがなかったから、皇室の失政と事業の失敗もなかった。朝鮮半島の経営は大伴氏や物部氏が行っていた。国家の大事は朝廷の重臣が処理したので、天皇には事業の失敗もない。四つ目は天皇の宗教的権威である。天皇は武力をもってその権威と勢力を示すことも、また政治の実務に与かることもなく、それは別の力、すなわち宗教的任務をになうことであった。

天皇の宗教的地位というのは、民衆のためにさまざまな呪術や神の祭祀を行うことであり、そのようなことを行うことから天皇は「現《あき》つ神」と言われたことの遠い淵源と歴史の由来はここにある。「現つ神」は国家を統治する、すなわち政治的君主としての天皇の呼称である。五つ目は天皇の文化的地位である。海外の文物を通して皇室は新しい文化の指導的な地位に立ったのである。

皇室が永久でありまたあらねばならぬという思想は、そのすべては神代の物語に反映している。神代の物語によって、皇室をどこまでも皇室として永久にそれを続けていこう、またいかねばならぬという当時のまたそれに続く時代の朝廷に権力をもっているものの欲求と責任感が表現されているのである。

皇室が永久であらねばならぬという思想は、時勢が移り変わっても同じであった。親政が行われたのは極めてまれな例外であった。大化の改新と律令の制度においては天皇の親政（天皇自身が政治を行うこと）が定められたが、その定められた時は、実は親政ではなかったのである。事実上、政権を掌握していたのは、改新前の蘇我氏なり後の藤原氏なり平氏なり源氏なり足利氏なり豊臣氏なり徳川氏であった。このように天皇が親政でなかった点ではみな同じである。

日本の皇室は日本民族の内部から起こって日本民族を統一し、日本の国家を形成してその統治者となった。皇室は高いところから民衆を見下ろしてまた権力をもってそれを圧服しようとしたことは長い歴史のなかで一度もなかった。皇室は国民の外部にあって国民に対立するのではなく、国民の内部にあって国民の意志を体現し、国民と調和しているのである。

国民が国家のすべてを主宰することになれば、皇室は自《みず》から国民の内にあって国民と一体になる。具体的にいうと、国民的結合の中心であり国民的精神の生きた象徴であるところに皇室の存在の意義があることになる。こうして国民の内部にあるが故に、皇室は国民と共に永久であり、国民が父祖子孫相承けて無窮に継続すると同じく、その国民と共に万世一系なのである。

◆戦後政治状況と津田史学

吉野源三郎（一八九九―一九八一）の『職業としての編集者』（岩波新書、一九八九年）によれば、吉野が疎開先の岩手県平泉にいる津田左右吉を訪れたのは、一九四六年三月のことである。その顛末はこれから述べるが、編集者が抱えなければならない難題中の難題であった。というのは一九四六年正月から『世界』創刊号の発行を決めた吉野源三郎は、その前年の秋、新しい雑誌のため津田左右吉に「日本史の研究における科学的方法」をテーマにした原稿を依頼していた。冒頭に述べたような連合国軍司令官マッカーサーの承認をもとに発表された「天皇の人間宣言」を吉野源三郎は知らないわけではなかった。

その津田の原稿が一九四六年の一月と二月の二回にわけて送られてきた。津田の手紙によれば、原稿は予定より超過して二回分になり、前半は予定の「日本歴史における科学的態度」で後半は「建国の事情と万世一系の思想」という表題になっているが、たがいに関連していて一つの論述になっているということであった。

結果としては、前半は三月号で後半は四月号で発表することになったが、問題は後半の「建国の事情と万世一系の思想」である。当時の政治状況は、軍国主義者の公職追放、右翼団体の解散、野坂参三の中国延安からの帰国と山川均による人民戦線の結成など共産、民主主義勢力が勢いづいていた。

街頭でも室内でも共産党の演説者になると、途中から「天皇制をやれ！」「天皇制をやれ！」と聴衆は騒ぎ立てるほどであった。吉野は津田におよぶ身の危険や将来の学究生活のことを考えると夜も眠れず、ついに友人の歴史学者羽仁五郎（一九四七―一九五六）に半ば期待半分で相談することにした。しかし羽仁は原稿を読み終えると、激するように「こんな原稿は没にしてしまえ」と言い放ったという。

津田は書き直しには同意しなかったが、吉野が津田に宛てた手紙を編集部からの報告として四月号の巻末に載せることについては了承した。吉野の書簡は同じ『世界』四月号巻末に「津田博士『建国の事情と万世一系の思想』の発表について」と題して掲載された。その書簡は四〇〇字原稿用紙にして約二五枚に達する分量である。

その内容は「先生の御論説の後半（四月号掲載の分）の特に最後の方で触れておられます天皇ならびに皇室に関する問題は、今日では極めて重要な政治問題となって来ております。いわゆる天皇制の問題として、様々な論議が国内はもちろん国外においても活発に行われ、国民の重大な関心事となっていることは申すまでもありません」と津田の論文の影響を心配したものであった。

なされ、マッカーサーがそれを支持する声明を発表していた。家永三郎は『世界』の編集者吉野源三郎と著者津田左右吉との間におきた問題を『津田左右吉の思想的研究』で次のように分析している。

戦後における津田の思想的立場は『世界』の編纂者とのこうした意見の交換を通じ、端的に社会に明示されたのであるが、それは、一面津田の戦前の思想と論理上一貫したものであるとはいえ、他面戦前の津田の著作における力点配置の全体構造に照らすならば、「意外」の感を生じせしめるもののあったこともまた否定しがたい。そこには、連続一貫している面と新しく変化した面との両面がふくまれていたのである。

◇家永三郎の指摘

このようにして四月号が発売され、予想通り大きな反響を呼んだが吉野の杞憂《きゆう》した事態にはならなかった。というのは四月号発売の前に懸案の新憲法草案（二月三日のGHQ案）が発表

戦前の津田が天皇制の観念的支柱とされている『記紀』への徹底的批判を遂行したのは、皇室の起原に関する没理性的神秘主義的教説が、近代日本において、決して皇室と国民との関係を維持するに適切でないと判断し、天皇制の近代化合議主義化をはかったものであり、同時に政治を民主化し、天皇を政治の責任の衝から解放して「国民的精神の生ける象徴」たらしめるのが津田の念願であった。

敗戦後、占領軍は、天皇制を温存する政策をとると同時に、非合理的国体観念を一掃する方針をとった。昭和二一年一月一日の詔書で、天皇自ら「朕ト爾等国民トノ間ハ終始相互ノ信頼ト敬愛トニ依リテ結バレ、単ナル神話ト伝説トニ依リ、生セルモノニ非ズ」と宣言することになった。（中略）

問題の津田論文は、新憲法草案発表前に書かれたものであるから、「象徴」天皇制の成立を前提としていないけれど、すでにポツダム宣言受諾以来、天皇制の合理化は不可避の大勢にあり、結果から言うと、多年津田の持論としてきた「象徴」としての天皇制が憲法に明文化されるという、津田の戦前以来の持説が名実ともに現実化することになったわけである。

天皇制に対して、もはや津田はその合理化のための論議の必要を失ったのであるが、その反面、敗戦後における連合国側ならびに国内急進派から提起された天皇制批判の主張は、皇室を心から敬愛する津田の憂いを深からしめるものがあった。天皇制否定の声は、合法政党として公然と活動を開始した共産党をはじめ、いろいろな方面からあがってきた。

津田がかつては最大の論敵として常に念頭においていた非合理的国体論の社会的勢力が退き、天皇制否定論者が代わって思想界に公唱されるにいたって、おのずから津田は天皇制否定論者と対決せざるを得ない状況になったのである。津田が一見「意外」との印象を与えるような熱情的積極的な天皇制擁護論を展開するにいたった心理的根拠は、このような客観情勢の変化にともなう津田の位置の変化を前提としたとき、はじめて十分に理解できるのではあるまいか。

◈丸山真男の「超国家主義の論理と心理」

さて、次に津田左右吉と津田の論文発表の直後の『世界』（五月号）に「超国家主義の論理と心理」を発表して戦後思想のリーダーとなった丸山真男（一九一四─一九九六）の関係について話しておく。一八七三年（明治六）生まれの津田左右吉と一九一四年（大正三）生まれの丸山真男は、四一歳の年齢差があるばかりか、学歴、環境、研究テーマが対照的である。

津田左右吉はほとんど独学で早稲田大学の講師となり教授となった半アカデミックな研究者である。ジャーナリストを父にもつ大阪生まれの丸山真男は、四谷第一小学校→府立一中（日比谷高校）→一高→東京帝国大学法学部を経て、一九四四年東京帝国大学法学部助教授で陸軍二等兵として召集されている。

丸山真男のドラマチックな体験といえば、陸軍二等兵として召集されて朝鮮半島に送られたのはよいとして、その後、脚気のため除隊となり東京に戻った。しかしその四カ月後の一九四五年三月に再召集を受けて、こんどは広島宇品《うじな》の陸軍船舶司令部へ二等兵として配属され、原子爆弾投下地点が司令部から五キロメートルの距離にあったことから命は助かったものの、丸山真男は被爆者となった。

戦前の天皇制を「無責任の体系」と思想的表現をした丸山は、戦後民主主義のオピニオン・リーダーとして知られるようになったのは、彼の学歴とその学的研究テーマから当然と言える。

丸山真男の戦後思想の出発点となったのは、津田左右吉の論文に続いて発表した『世界』五月号の「超国家主義の論理と心理」である。

『世界』四月号の津田論文で大きな衝撃を受けた吉野源三郎は、丸山真男と仕事上から信頼関係にあったので、共産党や民主主義勢力の批判をかわすためには丸山真男しかいないと考えた。丸山も吉野の意図を理解していた。しかし丸山は意識的に「超国家主義の論理と心理」で津田の弁護も解説もしていない。この点、丸山真男は父の影響を受けたのかジャーナリスティックな感覚を身につけている。

丸山真男が「超国家主義の論理と心理」で展開した分析手法は、丸山自身の言葉を借りれば、アメリカの社会心理学や政治学の象徴論やコミュニケーション論であった。丸山真男が「超国家主義の論理と心理」のなかで津田左右吉を婉曲に批判している箇所を探すとすれば、最終節の次のような文言と言える。しかしこの文言が具体的にどのような史実にもとづく解釈であるのか、わかるようでよくわからない。

天皇を中心とし、それからのさまざまな距離に於いて万民が翼賛するという事態を一つの同心円で表現するならば、その中心は点ではなくて実はこれを垂直に貫く一つの縦軸にほかならぬ。そうして中心からの価値の無限の流出は、縦軸の無限性（天壌無窮の皇運）によって担保されているのである。

丸山真男と津田左右吉の論文「建国の事情と万世一系の思想」の類似性をしいて見つけるとすれば、丸山真男の論文「超国家主義の論理と心理」より、むしろ講義録をまとめた『丸山真男講義録［第四冊］（日本政治史1964）に収録された「第二章　古代王政のイデオロギー的形成――三　アマテラス（日神）カリスマ」の次の箇所であろう。

アマテラスは本居宣長のいうようにまさに太陽神であるが、そこには二重の象徴化がある。〔第一に〕万物の化育者、とくに農業生産に必須であり、穀霊は太陽の宿ったもの、太陽の子であるという観念を通して、太陽と結びつく、〔第二に〕宇宙（高天原）の中心〔のシンボル、こちらは〕むしろ後の哲学的思弁の加わった観念であろう。

天孫降臨神話はいうまでもなく、一方でヤマト族団内部における天皇家の最高権威性を正当化すると同時に、他方で、日ノ神を守護神とするヤマト族団が他の地方豪族を征服統合して、ヤマト国家の全国統一に成功した過程を正当化するという二重のイデオロギー的意味を帯びて構想されたものであるが、いつ頃いかにしてアマテラスが皇室のいわば独占的祖神となったか分からない。

ただ推定されることは、まず、降臨神話の形のような日ノ神と皇室との関係づけが構想され、ついで太陽が宇宙の中心であるというところからして、アマテラスの淵源をさかのぼって宇宙開闢神話へと発展させたものであろう。いずれにしても穀霊崇拝の広汎な分布が、こうした政治的統合過程を下から支え、比較的スムーズに成功させる基盤となったと考えられよう。（略）。

こうしてやがてアマテラスの神聖性は、律令体制の成立以後〈とくに壬申の乱の平定後〉、次の二重の意味で天皇支配のもっと重要な正当性根拠となっていくのである。

第一に、天皇の一身の神聖性〈の根源〉であって、宇宙の中心たる太陽神、天照大神の子孫たることに根拠づけられる。『書紀』の〔アマテラス誕生の際の記述〕「……何《いか》にぞ天下の主たる者を生まざらんやと。是に共に日神を生みます。大日孁貴《おおひるめのむち》と号《もう》す。此の子《みこ》、光華明彩《ひかりうるわしく》、六合《あめつち》の内に照り徹せり」の語句にうかがわれる。

第二には、天皇家の大八洲国にたいする統治権の正統性である。これはアマテラスが、降臨するニニギに下した天壌無窮の神勅に根拠づけられる。いわく、「豊葦原千五百秋之《とよあしはらのちいほあきの》瑞穂国はこれ吾が子孫の王たるべき地なり。宜《よろ》しく爾皇孫就《いましすめみまゆ》きて治《しら》せ。行矣《さきくませ》、宝祚《あまつひつぎ》の隆《さか》えまさんこと、当《まさ》に天壌《あめつち》と窮無かるべし」と。こうして天照大神の皇孫の日本国にたいする永遠無窮の統治権が、被統治者の意志にかかわりなく、アプリオリに定まったことが示されたのである。

◇天皇機関説と右翼の攻撃

丸山真男が発表した一九四六年（昭和二一）の『世界』五月号に掲載された「超国家主義の論理と心理」は、案の定、朝日新聞の書評により、丸山曰く「呆れるほど」の反響を呼んだ。この論文は未来社刊行の『現代政治の思想と行動』の「第一部　現代日本政治の精神状況」のトップに収録されている。

ところで丸山真男と津田左右吉の関係とはいったいどのようなものだったのか。二人の関係については、立花隆が『天皇と東大』（下巻、文藝春秋、二〇〇五年）で「『大逆』と攻撃された津田左右吉の受難」と題して、軍部と結託した右翼国家主義者の蓑田胸喜（一八九四―一九四六）をはじめとする「原理日本」グループとそれと結びついた貴族院議員国粋主義者による津田左右吉への攻撃の実態を紹介している。

蓑田らは「万世一系の天皇天祖の神勅」の名のもとに、天皇機関説を唱える大学教授を全国の教壇から追い払うことに成功した。余勢をかった蓑田グループがその矛先を東大に向けた。蓑田らによれば、東京帝国大学法学部こそ反国体の中枢であり、容共教授の巣窟であった。美濃部達吉が提唱した天皇機関説は一九〇〇年（明治三三）代から一九三五年（昭和一〇）頃までの三〇年あまりにわたって憲法学の通説とされた。憲法学者の宮沢俊義著の『天皇機関説事件（上）』には「国家学説のうちに、国家法人説というものがある。これは、国家を法律上ひとつの法人だと見る。国家が法人だとすると、君主や、議会や、裁判所は、国家という法人の機関だということになる。この説明を日本にあてはめると、日本国家は法律上はひとつの法人であり、その結果として、天皇は、法人たる日本国家の機関だということになる」とある。

しかし国家法人説は君主主権説とも国民主権説とも両立できるので要注意である。天皇機関説事件とは次のような経過をたどった。一九三五年二月一八日の貴族院本会議の演説で菊池武夫議員（男爵・陸軍中将）の「天皇機関説は国体に背く学説であり、反逆にあたる」という演説に対して、同年二月二五日美濃部達吉は次のような釈明演説を行っている。

……いわゆる機関説と申しまするは、国家それ自身を一つの生命であり、それ自身に目的を有する恒久的の団体、即ち法律学上の言葉を以て申せば、一つの法人と観念いたしまして、天皇はこれ法人たる国家の元首たる地位にあり、国家を代表して国家の一切の権利を総攬し給い、天皇が憲法に従って行わせられまする行為が、即ち国家の行為たる効力を生ずるということを言い現わすものであります。

菊池武夫は美濃部の弁明に納得している。しかし美濃部達吉議員は同年九月一八日に貴族院議員を辞職したが、翌年、右翼暴漢に銃撃され重傷を負った。この事件を契機に一九三七年（昭和一二）五月、文部省は『国体の本義』を制定して全国の教育機関に配布した。その主旨は「天皇は天照大神の御子孫であり、天壌無窮の皇祖皇宗の神孫であらせられる」というものであった。この年の七月七日中国盧溝橋で日中両国の兵隊が衝突し、戦争の火ぶたがきられたのである。

◈『聞き書　南原繁回顧録』

話は丸山真男と津田左右吉の関係に戻る。熊本県八代郡生まれの蓑田胸喜は第五高等学校（五高）から東京帝国大学法学部に入学するが、途中、文学部宗教学科に転学して姉崎正治に師事した。その後、大正一一年（一九二二）四月に慶應義塾の予科教授となり三井甲之らと原理日本社を創立した。

また国士館専門学校の教授となり、美濃部達吉の天皇機関説事件に始まる大学粛清運動の理論的指導者となった蓑田胸喜は、津田左右吉の東大における講義妨害にも関係した。一九四四年郷里熊本県八代に疎開し、終戦直後の一九四六年一月三〇日首を吊って自殺した。

『聞き書　南原繁回顧録』（東大出版会、一九八九）によれば、東京帝国大学法学部では昭和一四年三月秋から、新しく東洋政治思想史の講座を開くことになった。当時、法学部教授南原繁は助手丸山真男の指導教官であった。『聞き書　南原繁回顧録』は南原繁と丸山真男と福田歓一ら当事者による対談形式をとっている。立花隆の『天皇と東大』もこの本を参考にしている。

南原繁は、当時、丸山真男に「政治学史をやってもポストはない。近ごろ日本精神とか皇道とか盛んにいわれているが、科学的な研究はほとんどされていない。東洋の政治思想をやる人が出てこなければならない」と言った。南原教授曰く、丸山君が一人前になるまで、だれか講師を依嘱して講座を開こうということになったという。そのころ、津田左右吉は早稲田大学で哲学の講座を担当していた。

丸山真男によれば津田の説は歴史学界のなかでは傍系であった。官学アカデミーの大勢は津田説に批判的で、むしろ歴史畑以外のジャンルにいるものに人気があった。津田左右吉の東大における講義は「先秦時代の政治思想」という題で五回ほど続いた。

ところが最終回の講義で、津田左右吉が「これで講義を終ります。何か質問ありませんか」と言ったとたんに、方々から一斉に手があがった。明らかに組織的な攻撃である。彼らは一高の昭信会を中心とする「学生協会」の三井甲之《こうし》（一八八三―一九五三）や蓑田胸喜を指導者とする学生右翼団体であった。

丸山は「講義内容をはずれた質問をするのは失礼じゃないか」といって、津田を抱きかかえるようにして講師室に戻った。しばらくして二人はそこを出た。外は雨が降っていた。丸山は何とも言いようのない気持になったという。

二人は本郷一丁目の食堂森永で食事した時は、夜の八時か九時ごろであった。その時、津田は「ああいう連中が日本の皇室を滅ぼしますよ」とポツリと言った。丸山には本当に皇室を思って言っている津田左右吉の気持ちがはっきりと伝わってきた。

丸山は、南原繁との対談で、当時のことを回想して「ぼくには、正直なところ、それほど尊皇心がないんですね。ですから、かえって先生のその言葉を非常によく覚えている」と語っている。

「津田先生のその言葉は真実、真情ですね。もともと先生の古典研究は、文献を分析批判し、合理的解釈を与えるという立場にあるし、古事記・日本書紀が歴史的事実としては曖昧であり、物語・神話にすぎないと主張されたにすぎない。先生の主眼とした国民思想の研究を読めば、国を思い、皇室を敬愛する情に満ちた先生を見出すことは、誰にでもできることだと思います」と南原繁。

第1章　架空の天皇神武こと神日本磐余彦

1　人にして神、神にして人

◈神の名イワレヒコ

『日本書紀』は巻三以降から編年体で歴史書の形をとっている。巻三の神武紀は即位前紀から即位後まで神武天皇を主人公とした物語であり、巻五の崇神紀は崇神天皇が種々の事件の当事者として登場する。しかし巻六の垂仁紀、巻一〇の応神紀になると事件や事績の羅列になる。

これらのなかで天照大神（以下、アマテラス）が登場するのは神武天皇即位前紀に二回、崇神天皇六年（BC五六九、己丑年）一回、垂仁天皇二五年（BC五年の丙辰年）一回、景行天皇二〇年（西暦九〇年の庚辰年）一回、神功皇后摂政元年（二〇二年の壬午年）一回、そして天武天皇元年（六七二年の壬申年）一回である。

しかしアマテラスの正体を検証するためには、神武紀を避けて通るわけにはいかない。神武は神代紀と天皇紀の橋渡しになる「人にして神、神にして人」の天皇であるからだ。神武は『日本書紀』神代下第一一段正文（本文）には次のように書かれている。

彦波瀲武鸕鷀草葺不合《ひこなぎさたけうかやふきあえず》尊、その姨《おば》玉依姫を妃に迎えて、彦五瀬《ひこいつせ》命を生んだ。次に稲飯《いなひ》命を生んだ。次に三毛入野《みけいりの》命。次に神日本磐余彦《かんやまといわれひこ》命。合わせて四柱の男を生んだ。久しくたって彦波瀲武鸕鷀草葺不合は西国の宮で亡くなった。そこで日向の吾平《あひら》山上陵《みささぎ》に葬った。

❖神武の実名

『日本書紀』によれば神武の実名は彦火火出見《ひこほほでみ》である。というのは『日本書紀』神代下第九段正文（本文）に「アマテラスの皇子正哉吾勝勝速日天忍穂耳尊《まさかあかつかちはやいあまのおしみみのみこと》は、高皇産霊尊《たかみむすひのみこと》の娘栲幡千千《たくはたちぢ》姫《ひめ》命を娶って天津彦彦火瓊瓊杵《あまつひこほのににぎ》尊を生んだ」とあり、その五世孫が彦火火出見である。この彦火火出見＝神武が登場するまでの事情を『日本書紀』神代下第九段正文は次のように書いている。

アマテラスの御子正哉吾勝勝速日天忍穂耳尊《まさかつあかつかちはやひあまのおしほみみのみこと》は高皇産霊《たかみむすひ》の娘栲幡千千姫《たくはたちぢひめ》命を娶って天津彦彦火瓊瓊杵を生んだ。そこで皇祖高皇産霊は天津彦彦火瓊瓊杵を葦原中国《あしはらのなかつくに》の君主にしようと思った。

ところがその国には蠅のようにうるさい邪神や物をいう草や木がいる不気味であった。高皇産霊は大己貴《おおあなむち》神を派遣することにした。しかし大己貴は三年経っても何の報告もしてこなかった。

そこで諸神の意見を受け入れて高皇産霊は天国玉《あまつくにたま》の子の天雅彦《あめのわかひこ》に弓を授けて派遣した。しかし天雅彦も葦原中国に着くとすぐ顕国玉《うつしくにたま》の娘下照姫《したてる》を娶ってそのまま住みついて「私も葦原中国を統治しようと思う」と言って何の報告もしなかった。

不審に思った高皇産霊は無名雉《ななしきぎじ》を派遣して調査させた。無名雉は天雅彦の門の前の杜木《かつら》の枝にとまった。それを見つけた天探女《あまのさぐめ》が「不思議な鳥がいます」と天雅彦に告げた。天雅彦は高皇産霊からもらった矢で雉を射殺した。その矢は高皇産霊の前に届いた。血のついた矢を見た高見産霊はその矢を下界に投げ返した。その矢はそのまま仰臥《ぎょうが》（仰向に寝ている様）している天稚彦の胸に命中したので、天稚彦は即死した。

その後、高皇産霊は根裂《ねのさく》神の子磐筒男《いわつつのお》・磐筒女が生んだ経津主《ふつぬし》神を派遣することにした。この事を聞いた武甕槌《たけみかづち》神が「どうして経津主神が大夫《ますらお》で、私は大夫でないのか」と主張したので、二柱の神は一緒に出雲国の五十田狭《いたさ》の小汀《おはま》に降り立った。

二神は大己貴《おおあなむち》神に向かって「高皇産霊神は皇孫を降らせ、この国に君臨させようとしている。国を譲るのか否か」と問い質《ただ》した。すると大己貴神は「私の子に尋ねてから返事をします」と答えた。

このとき事代主《ことしろぬし》は出雲国の三穂《みほ》で魚釣りを楽しんでいた。事の次第を知らされた事代主神は「わが父はお譲り申し上げるでしょう。私が異存がないと言えば誰一人従わない者はまったくないでしょう」と言った。

2 天孫降臨

かくして高皇産霊《たかみむすひ》は真床追衾《まとこおうふすま》で皇孫火瓊瓊杵《ほのににぎ》を覆って降臨させた。皇孫は天八重雲《あまのやえくも》を押し分けて、威風堂々と良い道を選りて日向《ひむか》の襲《そ》の高千穂岳に天下った。その不毛でやせた浮島の平な所から丘続に良い国を求めて歩き、吾田（鹿児島県薩摩半島西南部の加世田市）の長屋の笠狭《かささ》の岬に着いた。

その地に事勝国勝長狭《ことかつくにかつながさ》という一人の男がいた。「国があるか」と皇孫。「あります。どうぞごゆっくりしてください」と男。その国に鹿葦津姫《かしつ》〔または木花之開耶姫《このはなさくやひめ》〕という美人がいた。「お前は誰の子か」と皇孫。「私は天神《あまつかみ》が大山祇神《おおやまつみ》（女）を娶って生んだ子です」と鹿葦津姫。

◆誓約《うけい》

そこで皇孫は鹿葦津姫を召した。すると姫は一夜のうちに懐妊した。皇孫はこれを疑い「いくら天神であっても一夜で身重《みおも》にさせることができようか。きっと我が子であるまい」と言った。鹿葦津姫は怒り恨んで戸のない産室を造り、その中に籠ってしまった。そして誓約《うけい》をして「私の身ごもった子が、もし天孫の子でなかったなら、きっと生まれ出る子は焼け死ぬでしょう。もし本当に天孫の子であったならば、火もその子を害することはできないでしょう」と言った。そして火をつけて産室を焼いた。

燃え上がった煙の先から生まれ出た子は、火闌降《ほのすそり》命という〔これは隼人らの始祖である〕。次に火の熱を避けて生れ出た子は彦火火出見《ひこほほでみ》尊（神武）という。次に生まれ出た皇子は火《ほ》明《あかり》命という〔尾張連らの始祖である〕。

◇正文と異文

『日本書紀』神代下第九段のいわゆる「天孫降臨」には正文（本文）のほかに第一書（異文）から第八書まで八つの異文があるが、その実例は次の通りである。「降臨」を指令した神は正文が高皇産霊、第六書は高皇産霊、第二書は高皇産霊と天照大神、第一書が天照大神という具合である。よく知られている「天壌無窮」や「三種の神器」が登場する天照大神を指令神とする第一書（異文）は次の通りである。

アマテラスは、天津彦彦火瓊瓊杵尊に八尺瓊勾玉《やさかにのまがたま》と八咫鏡《やたのかがみ》・草薙剣《くさなぎのつるぎ》の三種の神器を授けられた。また中臣の上祖天児屋命《あまのこやね》・忌部《いむべ》の上祖太玉命・女の上祖天細女《あまのうずめ》・鏡作りの上祖石凝姥《いしこりどめ》命・玉作りの上祖玉屋《たまのや》命合わせて五部神々を付き従わせた。

そして皇孫に勅《みことのり》して「葦原千五百秋瑞穂《あしはらのちいほあきのみずほのくに》は、我が子孫が君主たるべき地である。汝皇孫よ、行って治めなさい。さあ、行きなさい。宝祚《あまつひつぎ》の栄えることは、天地とともに窮まることがないであろう」と言った。

この天照大神を指令神とする第一書（異文）は、高皇産霊を指令神とする正文と異なるのは読んで一目瞭然であるが、三種の神器は現在も天皇即位（宝祚）の儀礼に欠くことできないことはご存知の通りである。しかし『日本書紀』神代紀には多数の異文によって構成されていることを念頭に入れていただきたい。どうしてこのように異文があるのかはおいおい明らかにすることにして次に進むことにする。

3　神日本磐余彦の東征

『日本書紀』（律令国家初頭の七二〇年成立）はちょうど一三〇〇年を経た現在においても、日本古代の正史として天皇の歴史＝日本の起源を知る必須の本であることは誰もが認めている。『日本書紀』巻三神武天皇即位前紀の神武の系譜と事績は次の通りである。

神武天皇は諱《いみな》（実名、生前の名前）は彦火火出見《ひこほほでみ》といい、彦波瀲武鸕鷀草葺不合尊《ひこなぎさたけうかやふきあえずのみこと》の第四子である。母は玉依姫《たまよりひめ》と申し、海神《わたつみ》の二番目の娘である。

天皇は生まれつき聡明であり、確固たる意志の持主である。御年一五で皇太子になった。長じて、日向国《ひむかのくに》（大隅・薩摩国）の吾田邑《あたのむら》の吾平津媛《あひらつひめ》を娶って妃とし、手研耳命《たぎしみみのみこと》を生んだ。四五歳になった時、兄たちや皇子たちに次のように語った。

「むかしわが天神《あまつかみ》の高皇産霊尊《たかみむすひ》・大日孁尊《おおひるめのみこと》（太陽のような女性、アマテラス）は、この豊葦原瑞穂国《とよあしはらみずほ》をすっかりわが天孫の彦火瓊瓊杵尊《ひこほのににぎのみこと》（以下、ホノニニギ）に授けた。そこでホノニニギは地上に天下った。天孫が降臨されてから今日まで一七九万二四七〇年余がすぎた。

しかしながら遼遠の地は今なお王化の恩恵に浴していない。小さな村には酋長がいて、各々がそれぞれ境を設け、互いにしのぎを削っている。塩土老翁《しをつちのおじ》に聞いてみた。すると塩土老翁は〝東方に美しい国があります。四方を青山が囲んでいます。その中に天磐船《あまついわふね》に乗って飛び下った者がいます〟と言った。

私が思うにその国はきっと、天つ日嗣《ひつぎ》の大業を弘め、天下に君臨するものに足りる所であろう。さだめしわが国の中心の地ではあるまいか。その天から飛び降りた者というのは、おそらく饒速日《にぎはやひ》であろう。そこへ行って都を定めることにしようではないか」と言った。

諸皇子たちも「道理は明らかです。私たちも常々そう思っていました。さっそく実行なさいませ」と答えた。この年は、太歳は甲寅（紀元前六六七）であった。その年の冬一〇月の丁巳朔《ていしさく》の辛酉（五日）に、天皇は船軍を率い東征の途についた。

以下、『日本書紀』巻三神武天皇即位前紀に従い、神日本磐余彦《かむやまいわれひこ》（以下、イワレヒコ）の東征開始（紀元前六六七年、干支は甲寅）からイワレヒコの即位（紀元前六六〇、干支は辛酉）までの七年間におよぶ東征の物語を概観する。

◈東征の開始

イワレヒコが東征を宣言した年は『日本書紀』によると干支は甲寅《こういん》（紀元前六六七年）である。この甲寅の年の一〇月五日に神武は兄たちと一緒に東征の途についた。速吸之門《はやすいなと》（豊予海峡）で椎根津彦《しいねつひこ》（倭直部の始祖）を水先案内として筑紫の宇佐（大分県宇佐市）に到着すると、そこに菟狭津彦《うさつひこ》・菟狭津媛《うさつひめ》がいた。この時、イワレヒコは菟狭津媛を従臣の天種子命《あまのたねこのみこと》に娶《めと》らせた。天種子臣は中臣（藤原氏）の遠祖である。

一一月九日イワレヒコ一行は筑紫国の岡水門《おかのみなと》（福岡県遠賀川河口）に着いた。次は一二月二七日安芸国の埃宮《えのみや》（広島県安芸郡府中町）に滞在した。翌年の乙卯《いつぼう》の年（紀元前六六六年）の三月六日に吉備国に移り、行宮《かりみや》を造って滞在した。これを高島宮（岡山市宮浦）宮という。その後三年の間に武器や食料を貯蓄して東征の機会を待った。

出発してから五年目の戊午年（紀元前六六三年）の二月一一日、イワレヒコは東を目指して船を進め、難波の碕《みさき》で早い潮流に遭遇した。そこを浪速国《なみはやのくに》また浪花と名付けた。三月一〇日河を遡り、河内国日下《くさか》村（東大阪市日下）の青雲の白肩津《しらかたのつ》（生駒西山麓）に着いた。

四月九日イワレヒコの軍は徒歩で竜田（奈良県生駒郡竜田）に向かった。しかしその路は狭く険しく一行は隊列を組んで進むことができなかった。そのためいったん後退してさらに東の胆駒山（生駒山）を越えて、国の内部（大和盆地）に進入しようとした。

◈先住民長髄彦との攻防

そのことを知った長髄彦《ながすねびこ》（先住民の象徴的存在）は「そもそも天神《あまつかみ》の御子たちがやって来るのは、きっと我が国を奪うためであろう」と言って、ただちに全軍を率いて天皇軍を孔舎衛《くさえ》（生駒トンネル開通時まで大阪府東大阪市にあった近鉄奈良線の駅。石切・生駒間の生駒トンネル大阪方坑口に位置）で迎え撃った。この時、長髄彦の兵が放った流れ矢が長兄の五瀬《いつせ》の肘にあたり、一行はこれ以上進撃することができなくなった。

イワレヒコは「今、私は日神の子孫でありながら、日に向かって敵と戦っている。これは天の道に叛《そむ》いていることになる。ひとまず退却してあらためて天神地祇《てんしんちぎ》（天つ神・国つ神）を祀り、日神の神威を背に受けて敵に襲いかかるべきだ」と言って草香津《くさかのつ》（日下江）まで退却した。

五月八日一行は茅渟《ちぬ》（大阪府泉南市男里）の山城水門《やまきのみなと》に到着した。その時、五瀬は「賊のために手傷を負って死んでしまうとは」と雄叫《おたけ》びを上げ士気を鼓舞した。これより先、孔舎衛の戦いである人が大樹に隠れて難を逃れることがあった。そこで「この樹の恩は母のように大きい」と言った。時の人は名付けて母木邑《おものきむら》（東大阪市豊浦町）と言った。

◈二人の兄稲飯と三毛入野

山城水門からさらに進んで紀国《きのくに》の竈山《かまやま》（和歌山市和田。五瀬命の墓がある）に達した時、五瀬命は絶命した。六月二三日一行は名草邑（和歌山市西南の名草山付近）に到着し、そこの名《な》草戸畔《ぐさとべ》という者を討伐した。

そしてそこから狭野《さの》（和歌山県新宮市佐野）を越えて熊野の神邑（熊野速玉神社）に着いた。天磐楯（新宮市神倉山）に登り、さらに進軍した。ところが急に海が荒れだした。その時、稲《いな》飯命《ひのみこと》（『日本書紀』神代下第一〇段一書第四異伝に登場する。五瀬命の弟、神武の兄）が「我が祖先は天神である。母は海神である。それなのにどうして私を陸で苦しめ、海で苦しめるのか」と言い終わると、剣を抜き海に身を投じた。それが鋤持神《さいもちのかみ》となった。続いて三毛入野命（稲飯命の弟。神武の兄）「我が母と姨《おば》とは共に海神である。それなのにどうして溺れさせようとするのか」と身を投じた。

イワレヒコは皇子の手研耳《たぎしみみ》命（二代目綏靖とは異腹の兄）と軍勢を率いて熊野の荒坂津（三重県南牟婁郡荒坂村二木島）またの名は丹敷浦《にしきのうら》（三重県度会郡紀勢町錦）に到着し、そこの丹敷戸畔《にしきとべ》という者を誅伐した。その時、悪神が毒気を吐き、将兵はみな倒れてしまった。この時名を熊野の高倉下《たかくらじ》という者が夢をみた。その夢のなかで天照大神（以下、アマテラス）が建《たけ》御雷《みかづち》神に次のように語った。

「いったい、葦原中国はいまだに騒然としている。お前がふたたび赴《おもむ》いて征討せよ」とアマテラス。「私が行かなくとも、私がかつて平定した時に使った剣を下せば、国はおのずと平らぐでしょう」と建御雷神。そこで建御雷神は高倉下に「私の剣は名を韴霊《ふつのみたま》という。今、これをお前の倉の中に置こう。それを天孫に献上せよ」と言った。

その時、高倉下は目を覚ました。翌朝、倉の戸を開けると天から落ちた剣が逆さまに突き立っていた。それをイワレヒコに献上した。その時イワレヒコはまだ眠っていたが、「私はどうしてこんなに長い間眠っていたのだろう」と目を覚ました。すると兵たちも同じように目を覚ました。

◇イワレヒコ、兄猾と弟猾を招く

イワレヒコはふたたび進軍しようとしたが、山々は険阻で行くべき道もなく進退窮まった。その夜イワレヒコは夢を見た。「私は今から頭八咫烏《やたがらす》を派遣しよう。この烏を道案内にせよ」とアマテラス。はたして頭八咫烏が天から舞い降りてきた。

イワレヒコは「この烏が来たことは瑞夢《ずいむ》（吉夢）に適《かな》っている。我が皇祖のアマテラスは天つ日嗣《ひつぎ》の大業を助けようとしているのだ」と言った。この時、大伴氏の遠祖日臣命《ひのおみみこと》は大来米《おおくめ》を率いて頭八咫烏の後を追いながら山中を切り開いて進み、ついに菟田《うだ》（宇陀郡菟田野町宇賀志）の下県《しもあがた》に着いた。イワレヒコは「お前は武勇の臣である。また先導の功績もあった。これからはお前の名を道臣《みちのおみ》とする」と日臣《ひのおみ》を激賞した。

八月二日イワレヒコは兄猾《えうかし》と弟猾《おとうかし》を招いた。二人は菟田県の首領である。そのとき兄猾は現れず、弟猾が参上した。「私の兄の兄猾は天孫がやってくるというので、襲撃するつもりでおりましたが天皇軍の威勢に恐れをなして密かに暗殺を企んでいます」と弟猾。

イワレヒコは道臣を派遣してその反逆の様子を下見させた。道臣は「敵のやつめ、うぬが造った建物の中に己《おのれ》が入ってみろ」と兄猾を殺してしまった。それゆえ兄猾の血が流れた地を血原（室生村田口）という。弟猾はおおいにイワレヒコの兵をねぎらった。

◇高倉山からの眺望

その後イワレヒコは菟田の穿邑《うかちのむら》を出発して吉野の地を見回り、井戸の中から現れた国神《くにつかみ》の井光《いひか》や、磐を押し開けて現れた吉野の国樔部《くずべ》の始祖磐排別《いわおしわく》の子と出会った。さらに吉野川を下ると簗《やな》で魚をとっている苞苴担《にえもつ》（天皇に献上する稲・塩・魚を持つ者）の子に出会った。

九月五日イワレヒコは菟田の高倉山の頂上に登り、国中を眺望した。その時、国見丘（大宇陀町と桜井市の間の山）の丘に八十梟帥《やそたける》、女坂に女軍《めいくさ》、男坂《おさか》に男軍《おいくさ》、墨坂に焃炭《おこしずみ》を配置し、さらに磐余《いわれ》村に兄磯城《えしき》の軍勢が充満しているのが見えた。

イワレヒコはこの夜祈誓を立ててやすんだ。夢の中に天神が現れて「天香山《あめのかぐやま》の社《やしろ》の土をとり、天平瓮《あまのひらか》八〇枚を造り、また厳瓮《いつへ》（瓶）を置き、霊威のある呪詛をせよ」と言った。イワレヒコはお告げとおりに実行した。

「倭国《やまとのくに》の磯城《しき》邑に磯城八《や》十梟帥《やそたける》がいます。また高尾張邑《たかおわりのむら》（御所市西南部）に赤銅《あかがね》八十梟帥がいます」と弟猾は夢でみたような霊威ある祭りをするように言ったので、イワレヒコは心中とても喜んだ。

イワレヒコは丹生《にぶ》川（菟田川）上流の真坂樹《まさかき》の根から抜き取って諸神を祭り、「タカミムスヒの神霊の憑人《よりまし》となって祭りを行いたい。お前は斎主《いわいぬし》として厳媛《いつひめ》の名を与えよう」と道臣に命じた。

◇イワレヒコ、兄磯城《えしき》を斬り殺す

一〇月一日イワレヒコは軍を発して国見岳で八十梟帥を討った。しかしまだ残党が多数いたので、道臣を呼び、忍坂邑《おさか》（桜井市忍坂）に大きな室を造り、盛大な宴会を開くように命じた。敵はこの宴会に欺かれて多くの死者をだした。

一一月七日イワレヒコの軍は磯城彦（兄磯城と弟磯城）を攻撃するため、兄磯城《えしき》を呼んだ。ところが兄磯城はその命令に従わなかった。そこで頭八咫烏《やたがらす》を使いにだした。頭八咫烏は「天神の御子がお前を呼んでいる。さあ」と言った。兄磯城はこれを聞いて「天圧神《あまのおすかみ》が来たと聞いて憤慨しているのに、烏がなぜ不吉な声で鳴くのか」と弓を引き絞って射た。頭八咫烏はすばやく逃げて弟磯城《おとしき》の家にやってきた。

「天神の子がお前を呼んでいる。さあ」と頭八咫烏。「天圧神が来られると聞いて、朝夕、恐れ畏んでいました。とても嬉しく思っている」と弟磯城は木の葉で編んだ平皿八枚の上に料理をもって振舞った。その後、弟磯城は頭八咫烏に案内されてイワレヒコのもとに参上した。

「私の兄の兄磯城は叛逆心をもっています」と弟磯城。「兄磯城は狡猾です。まず弟磯城に諭させ、兄倉下《えくらじ》と弟倉下《おとくらじ》を説得しましょう」と諸将たち。しかし兄磯城は弟磯城の説得にも応じなかった。

その時、椎根津彦《しいねつひこ》が「我が女軍《めいくさ》を忍坂から出陣させましょう。敵はこれを見て精兵を送ってくるでしょう。私は味方の強兵で墨坂の炭火を菟田川の水で消し止めます」と言った。イワレヒコはこの計略をよしとして男軍を率いて墨坂を越えて首魁の兄磯城を斬り殺した。

◇饒速日《にぎはやい》イワレヒコに降伏

一二月四日イワレヒコの軍は長髄彦《ながすねひこ》を攻撃した。攻撃は何回も失敗した。そんな時に金色の鵄《とび》がイワレヒコの弓の弭《はず》に止まった。この金色の光は稲妻のようであったので、長髄彦の軍勢は散り散りになって戦う気力を失った。時の人はこの地を鵄邑《とびむら》と名付けた。いまの鳥見《とみ》（奈良市西部の富雄町）は訛《なま》ったものである。

イワレヒコは孔舎衛《くさえ》の戦いの致命傷で亡くなった兄五瀬のことを思うと敵の長髄彦を徹底的に殺さないではいられなかった。そして次のような歌を詠んだ。

垣根の周辺に植えた山椒の実を食べると口はひりひりして忘れられない。
そのように敵から受けた痛手は今も忘れてはいない。必ず仇を討ってやろう。

時に長髄彦は使者を送ってイワレヒコに次のようなことを告げた。

昔、天神の子が天磐船《あまのいわふね》に乗って天下りました。名は櫛玉饒速日尊《くしたまにぎはやい》といいます。この命が私の妹三炊屋媛《みかしきやひめ》〔またの名は長髄媛、またの名は鳥見屋媛という〕を娶って可美真手命《うましまでのみこと》を生みました。
そのようなわけで私は饒速日尊《にぎはやひ》にお仕えしています。いったい天孫の子が二人いるはずがありません。それなのにどうしてまた天神の御子と称して、人の国を奪おうとしているのでしょうか。私の察するところ決して本当ではないでしょう。

「天神の子とはいっても大勢いる。お前が君と崇める者が本当の天神であるならば、必ず表徴《しるし》の品があるだろう。それを見せよ」とイワレヒコ。長髄彦は饒速日の天羽羽矢《あまのははや》一本と歩靫《かちゆき》を取り出してイワレヒコに見せた。イワレヒコは「偽りではなかった」と答え、今度は自分の持っている天羽羽矢一本と歩靫を長髄彦に示した。

長髄彦はその天上界の表徴をみて納得したが、いまさら改心するわけにはいかなかった。長髄彦の心がねじ曲がっていたからである。だから神と人との区別を教えても理解しようとしなかった。もともと饒速日は天神が天孫のイワレヒコだけを味方していることを知っていたので、長髄彦を殺害して帰順した。イワレヒコは饒速日がここで忠誠の功を立てたので寵愛した。饒速日は物部氏の遠祖である。

◇土蜘蛛《つちぐも》を一網打尽

己未《きび》の年（紀元前六六二年）の二月二〇日、層富県《そほのあがた》（奈良市と生駒市）の波哆《はた》（添上郡椿尾村）の丘に居住する新城戸畔《にいきとべ》、和珥《わに》（天理市和珥）の坂本の居勢祝《こせのはふり》、臍見《ほそみ》（未詳）の猪祝《いのはふり》ら三カ所の土蜘蛛《つちぐも》（不服従の先住民。熊襲・蝦夷の類）を誅伐した。

高尾張邑にも土蜘蛛がいた。その風貌は身の丈が低く手足が長く侏儒《しゅじゅ》（小人）に似ていた。

イワレヒコの軍は葛《かずら》の網で一網打尽に殺してしまった。それによってこの地を葛城という。

　そもそも磐余の地は旧名が片居《かたい》、または片立（片寄って人が立っていること）という。イワレヒコの軍が賊を平らげることによって軍兵が満ち溢れた。それで名をあらためて磐余《いわれ》とした。天皇軍が雄叫びをあげた所を猛田《たけた》（奈良県橿原市東竹田か、宇陀郡菟田野町か）といい、城を造った所を城田《きた》（添上郡城田村か）という。殺害された賊徒の死体が累々と転がっている所は頰枕田《つらまきた》という。

◇掖上の嗛間丘《ほほまのおか》の歌

　この乙未年（紀元前六六二年）の三月七日、イワレヒコは「東方の征討を始めてから六年が経過した。天神の威光を受けて大和国は塵もたたないほどに平穏になったが、辺境の地は鎮静していない。しかし高御産巣日《たかみむすひ》神とアマテラスの二祖の徳に応えて、畝傍山の東南の橿原に都を定め、宮殿を造ろう」と宣言した。

　庚申の年（紀元前六六一年）の八月一六日、イワレヒコは正妃を立てようとして、改めて広く貴族の子女を求めた。この時、ある人が「事代主神《ことしろぬしのかみ》が三島溝橛耳神《みしまのみぞくいのみみ》の娘を娶って生んだ媛蹈鞴五十鈴媛《ひめたたらいすずひめ》命の容姿が秀麗です」と勧めた。九月二四日イワレヒコは喜んで媛蹈鞴五十鈴媛命を正妃とした。

　辛酉の年（紀元前六六〇年）の正月一日、天皇は橿原宮で即位した。この年をイワレヒコの元年とし、正妃を皇后とした。この皇后は皇子の神八井命（第一子）と神渟名川耳尊《かむぬなかわみみのみこと》（第二代綏靖天皇）を生んだ。

神武天皇二年（紀元前六五九、干支は壬戌年）イワレヒコは論功行賞とし道臣に築坂邑に居所を与え、また大来目に畝傍山より西の河辺の地に居所を与えた。四年（紀元前六五七年、干支は甲子年）斎場を鳥見山《とみやま》（桜井市外山の鳥見山）の中に設けて、その地を号《なず》けて上小野《うえおの》の榛原・下小野の榛原といい、皇祖の天神《あまつかみ》を祀った。

神武三一年（紀元前六三〇年、干支は辛卯年）四月一日イワレヒコは国中を巡行した。その時掖上《わきがみ》（奈良県御所市本馬東方の独立丘陵）の掖上の嗛間丘《ほほまのおか》に登り、「ああ、なんと美しい国を得たことよ。内木綿《うちゆう》の本当に狭い国ではあるが、あたかも蜻蛉《あきず》が交尾している形をしているようでもあるよ」と感嘆した。

昔、伊奘諾尊《いざなぎのみこと》がこの国を名付けて「日本は浦安の国、細戈《くわしほこ》の千足《ちだ》る国、磯輪上《しわかみ》の秀真《ほつま》国」と言った（「秀間国」はここではホツマクニという）。また「玉垣の内つ国」と言った。饒速日命は天磐船に乗って虚空《おおぞら》を飛翔してこの国を見下ろして天下ったので、名付けて「虚空見《そらみ》つ日本《やまと》の国」と言った。

神武四一年（紀元前六二〇年、干支は辛丑）正月の三日皇子神渟名川耳尊《かむぬなかわみみのみこと》を立てて皇太子とした。同七六年（紀元前五五四年、干支は丁未年）天皇は橿原宮で崩御された。時に御年一二七歳であった。翌年九月一二日、畝傍山東北陵に葬った。

4　神武天皇は実在したか

◇「干支一運六〇年の天皇紀」

『日本書紀』は神武が橿原で即位した年月日を紀元前六六〇年の辛酉の年の元旦としている。紀元前六六〇年といえば、縄文時代の後期にあたるが、文字はまだなかったから年月日を正確に記録することができるわけがない。現在でも干支一五運（六〇年×一五運＝九〇〇年）ほど繰り下げた安本美典の卑弥呼＝アマテラス説や二倍年暦換算の古田武彦の西暦一五〇年前後説があるが、検証に耐えうるものではない。

しかし初期律令国家の『日本書紀』編纂者が干支を繰り上げたり、繰り下げたりすることによって、万世一系天皇の物語『日本書紀』の秘密を発見した在野の古代史研究者井原教弼《みちすけ》は、従来の日本古代史の解釈を根底から変えた。

なぜなら『日本書紀』編纂者は中国（唐）に対して倭王朝が太古から日本列島に存在したと見せかけるため、架空の天皇神武（在位紀元前六六〇―五八五）を作り、実在の始祖王崇神（在位紀元前六六〇―五八五）を第一〇代天皇とし、神武と崇神の間の空白に「欠史八代八人の天皇」（綏靖・安寧・懿徳・孝昭・孝霊・孝安・孝元・開化）を挿入したことがわかったからである（拙著『干支一運六〇年の天皇紀』参照）。この破天荒ともいえる壮大な「干支一運六〇年の天皇紀」による歴史改作のシステムの具体的な検証については次章の「実在の天皇崇神こと御間城入彦《みまきいりひこ》」に譲り、次に進むことにする。

◆干支記年法

一八七三年（明治六）明治政府は、神武即位の日、紀元前六六〇年の辛酉の年の元年を太陽暦にふりかえて二月一一日としたが、一九四八年（昭和二三）に廃止、一九六六年（昭和四一年）に現在の「建国記念日」として復活した。

『日本書紀』の年を数える方法は干支紀年法に基づいている。その方法とは次の通りである。甲・乙などの一〇個の干を木・火・土・金・水の五行に二個ずつ配し、それぞれを「え（兄）」と「と（弟）」に分けます。すると甲（こう）（きのえ）・乙（おつ）（きのと）／丙（へい）（ひのえ）・丁（てい）（ひのと）／戊（ぼ）（つちのえ）・己（き）（つちのと）／庚（こう）（かのえ）・辛（しん）（かのと）／壬（じん）（みずのえ）・癸（き）（みずのと）となる。

さらにこれを子（し）（ね）・丑（ちゅう）（うし）・寅（いん）（とら）・卯（ぼう）（う）・辰（しん）（たつ）・巳（し）（み）・午（ご）（うま）・未（び）（ひつじ）・申（しん）（さる）・酉（ゆう）（とり）・戌（じゅつ）（いぬ）・亥（がい）（いのしし）の一二個の支に配する。（次頁の図参照）

干支紀年表

干支	十二支（子丑寅卯辰巳午未申酉戌亥						五行方位色
甲	1 甲子《コウシ》《きのえね》	11 甲戌《コウジュツ》《きのえいぬ》	21 甲申《コウシン》《きのえさる》	31 甲午《コウゴ》《きのえうま》	41 甲辰《コウシン》《きのえたつ》	51 甲寅《コウイン》《きのえとら》	木・東・青
乙	2 乙丑《イッチュウ》《きのとうし》	12 乙亥《イツガイ》《きのとい》	22 乙酉《イツユウ》《きのととり》	32 乙未《イツビ》《きのとひつじ》	42 乙巳《イッシ》《きのとみ》	52 乙卯《イツボウ》《きのとう》	
丙	3 丙寅《ヘイイン》《ひのえとら》	13 丙子《ヘイシ》《ひのえね》	23 丙戌《ヘイジュツ》《ひのえいぬ》	33 丙申《ヘイシン》《ひのえさる》	43 丙午《ヘイゴ》《ひのえうま》	53 丙辰《ヘイシン》《ひのえたつ》	火・南・朱
丁	4 丁卯《テイボウ》《ひのとう》	14 丁丑《テイチュウ》《ひのとうし》	24 丁亥《テイガイ》《ひのとい》	34 丁酉《テイユウ》《ひのととり》	44 丁未《テイビ》《ひのとひつじ》	54 丁巳《テイシ》《ひのとみ》	
戊	5 戊辰《ボシン》《つちのえたつ》	15 戊寅《ボイン》《つちのえとら》	25 戊子《ボシ》《つちのえね》	35 戊戌《ボジュツ》《つちのえいぬ》	45 戊申《ボシン》《つちのえさる》	55 戊午《ボゴ》《つちのえうま》	土・中央・黄
己	6 己巳《キシ》《つちのとみ》	16 己卯《キボウ》《つちのとう》	26 己丑《キチュウ》《つちのとうし》	36 己亥《キガイ》《つちのとい》	46 己酉《キユウ》《つちのととり》	56 己未《キビ》《つちのとひつじ》	
庚	7 庚午《コウゴ》《かのえうま》	17 庚辰《コウシン》《かのえたつ》	27 庚寅《コウイン》《かのえとら》	37 庚子《コウシ》《かのえね》	47 庚戌《コウジュツ》《かのえいぬ》	57 庚申《コウシン》《かのえさる》	金・西・白
辛	8 辛未《シンビ》《かのとひつじ》	18 辛巳《シンシ》《かのとみ》	28 辛卯《シンボウ》《かのとう》	38 辛丑《シンチュウ》《かのとうし》	48 辛亥《シンガイ》《かのとい》	58 辛酉《シンユウ》《かのととり》	
壬	9 壬申《ジンシン》《みずのえさる》	19 壬午《ジンゴ》《みずのえうま》	29 壬辰《ジンシン》《みずのえたつ》	39 壬寅《ジンイン》《みずのえとら》	49 壬子《ジンシ》《みずのえね》	59 壬戌《ジンジュツ》《みずのえいぬ》	水・北・玄
癸	10 癸酉《キユウ》《みずのととり》	20 癸未《キビ》《みずのとひつじ》	30 癸巳《キシ》《みずのとみ》	40 癸卯《キボウ》《みずのとう》	50 癸丑《キチュウ》《みずのとうし》	60 癸亥《キガイ》《みずのとい》	

◆儀鳳暦《ぎほうれき》と元嘉暦《げんかれき》

干支によって年や月を決めるには、その基礎となる暦が必要であるが、『日本書紀』では「神武紀」から「安康紀」までは儀鳳暦《ぎほうれき》、「雄略紀」から最後の「持統紀」まで元嘉暦《げんかれき》を使用している。

元嘉暦は中国南朝の宋（四二〇―七九）の何承天《かしょうてん》がつくった暦で、元嘉二二年（四四五）から施行され、日本にも五世紀後半ごろに伝来した。儀鳳暦は唐の李淳風がつくった暦であり、麟徳二年（六六五＝天智四）から用いられ、日本では六九〇年（持統四）に元嘉暦と併用されたが、六九八年（文武二）から七六三年（天平宝字七）までの間は儀鳳暦だけが用いられた。『日本書紀』の成立（七二〇）したころは儀鳳暦だけが用いられた。『日本書紀』は神武から安康までの古い天皇の時代に新しい儀鳳暦を使い、雄略から持統までの新しい天皇の時代に古い元嘉暦を使っている。元嘉暦を使用した部分はこの暦を用いた古くからの資料があったからである。

だが儀鳳暦を使った部分は史料がなかったか、もしくは不完全な暦をつかった史料であったので、この部分は『日本書紀』の編纂者はあらたに当時使用されていた儀鳳暦を使って干支を記録した。そこで「神武紀」は儀鳳暦を使用しているから、神武の即位年を辛酉の年と決めたのは『日本書紀』編纂者ということになる。

◈辛酉革命説

では『日本書紀』編纂者は、いくつもある辛酉年の中で、なぜ紀元前六六〇年の辛酉年を神武の即位年として選んだのだろうか。この問題については、那珂通世《なかみちよ》（一八五一―一九〇八）以来、中国の辛酉革命説にもとづき、推古九年（六〇一）を起点として一二六〇年繰り上げたとする説が通説となっている。

辛酉革命説では辛酉の年には革命があるとされ、特に干支一元（一運）の二一倍にあたる一蔀《ほう》（一二六〇年）ごとの辛酉の年には、大きな革命があるとされる。そこでこの辛酉革命説を知っていた『日本書紀』の編纂者が、神武の即位を国家的大変革とみて、紀元六〇一年から一蔀＝一二六〇年さかのぼらせた辛酉の年においたとみられていた。

しかし、この通説は基本的には正しいが、逆算の起点とする年に問題がある。というのは六〇一年（推古九）には、国家的大変革というべき事件が何もない。そこで、早稲田大学の水野祐（一九一八―二〇〇〇。『日本古代の国家形成』）は、六〇一年より干支一運（六〇年）繰り下げた六六一年（斉明七年、干支は辛酉）を起点とする説を唱えた。

六六一年には、斉明天皇が死亡し、天智天皇が称制（即位せずに政務をとること）するという「蔀首大変革の辛酉年にふさわしい事件が重なっている」からである。そして、六六一年を起点とすると、神武の即位年は一三二〇年さかのぼらせることになるが、この点については神功皇后を『魏志』倭人伝の邪馬台国の女王卑弥呼に見せかけるための『日本書紀』が作為した結果であるとして、つぎのように説明している。

すなわち、神功は二〇〇年に仲哀天皇死亡の後、在位期間六九年、二六九年に死亡ということになっているが、これは『魏志』記載の卑弥呼の治世年代とほぼ一致させたのであり、神功の治世はもと九年とされていたのに、『日本書紀』の編纂にあたって、六〇年延長して六九年とした。そのための、一蔀一二六〇年の年数が一三二〇年になった。

『応神陵の被葬者はだれか』（一九九〇）の著者石渡信一郎は、水野祐の「『日本書紀』編纂者は六六一年を起点として神功を卑弥呼に見せかけるために、そこから一三二〇年前の紀元前六六〇年を神武の即位年とした」という説を受けながら、『日本書紀』が六六一年（斉明天皇七年）を起点としたのは、その前年の六六〇年に百済が滅亡するという天皇家にとっては深刻な事件が起こったため、この六六〇年で古い蔀を終わらせることにしたと修正している。

5　二つの倭王朝

◆後世につくられた和風諡号

「記紀」（『古事記』と『日本書紀』）を実証的に研究した早稲田大学の津田左右吉は、神武東征説話が代表するように神武の説話は内容のないもので、「記紀」の神話の一部にすぎないとし、神武は神話上の人物であり、実在の天皇ではないとした（『日本古典の研究』）。

神武の説話が史実をまったく反映しない神話であるとする津田左右吉の見解は支持できないが、神武が実在の天皇でないことは、神武の畝傍山の東北陵が考古学的に実証されていないことや、神武の物語は神話に近いことからも明らかである。

またカムヤマトイワレヒコ（神日本磐余彦）という神武の和風諡号は後世に作られたものであることがわかる。水野祐によると、孝霊・孝元・開化の三天皇は、持統の諡号《しごう》（死後の贈り

『日本書紀』の歴代天皇の漢風・和風諡号と在位期間（第45代まで）

代	漢風諡号	在位期間	和風諡号
1	神武（ジンム）	BC660-BC585	神日本磐余彦（カムヤマトイワレヒコ）
2	綏靖（スイゼイ）	BC581-BC549	神渟名川耳（カムヌナカワミミ）
3	安寧（アンネイ）	BC549-BC511	磯城津彦玉手看（シキツヒコタマテミ）
4	懿徳（イトク）	BC510-BC477	大日本彦耜友（オオヤマトヒコスキトモ）
5	孝昭（コウショウ）	BC475-BC393	観松彦香殖稲（ミマツヒコカエシネ）
6	孝安（コウアン）	BC392-BC291	日本足彦国押人（ヤマトタラシヒコクニオシヒト）
7	孝霊（コウレイ）	BC290-BC213	大日本根子彦太瓊（オオヤマトネコヒコフトニ）
8	孝元（コウゲン）	BC212-BC158	大日本根子彦国牽（オオヤマトネコヒコクニクル）
9	開化（カイカ）	BC158-98	稚日本根子彦大日日（ワカヤマトネコヒコオオヒヒ）
10	崇神（スジン）	BC97-BC30	御間城入彦五十瓊殖（ミマキイリヒコイニエ）
11	垂仁（スイニン）	BC29-70	活目入彦五十狭茅（イクメイリヒコイサチ）
12	景行（ケイコウ）	71-130	大足彦忍代別（オオタラシヒコオシロワケ）
13	成務（セイム）	131-190	稚足彦（ワカタラシヒコ）
14	仲哀（チュウアイ）	192-200	足仲彦（タラシナカツヒコ）
	神功（ジングウ）		気長足姫（オキナガタラシヒメ）
15	応神（オウジン）	270-310	誉田（ホムタ）
16	仁徳（ニントク）	313-399	大鷦鷯（オオサザキ）
17	履中（リチュウ）	400-405	去来穂別（イザホワケ）
18	反正（ハンゼイ）	406-410	瑞歯別（ミズハワケ）
19	允恭（インギョウ）	412-453	雄朝津間稚子宿禰（オアサヅマワクゴノスクネ）
20	安康（アンコウ）	453-456	穴穂（アナホ）
21	雄略（ユウリャク）	456-479	大泊瀬幼武（オオハツセノワカタケ）
22	清寧（セイネイ）	480-484	白髪武広国押稚日本根子（シラカノタケヒロクニオシワカヤマトネコ）
23	顕宗（ケンソウ）	485-487	弘計（ヲケ）
24	仁賢（ニンケン）	488-498	億計（オケ）
25	武烈（ブレツ）	498-506	小泊瀬稚鷦鷯（オハツセノワカサザキ）
26	継体（ケイタイ）	507-531	男大迹（オホト）
27	安閑（アンカン）	534-535	広国押武金日（ヒロクニオシタケカナヒ）
28	宣化（センカ）	535-539	武小広国押盾（タケオヒロクニオシタテ）
29	欽明（キンメイ）	539-571	天国排開広庭（アメクニオシハラキヒロニワ）
30	敏達（ビタツ）	572-585	渟中倉太珠敷（ヌナクラノフトタマシキ）
31	用明（ヨウメイ）	585-587	橘豊日（タチバナノトヨヒ）
32	崇峻（スシュン）	587-592	泊瀬部（ハツセベ）
33	推古（スイコ）	592-628	豊御食炊屋姫（トヨミケカシキヤヒメ）
34	舒明（ジョメイ）	629-641	息長足日広額（オキナガタラシヒヒロヌカ）
35	皇極（コウギョク）	642-645	天豊財重日足姫（アメトヨタカライカシヒタラシヒメ）
36	孝徳（コウトク）	643-654	天萬豊日（アメヨロズトヨヒ）
37	斉明（サイメイ）	655-661	天豊財重日足姫（アメトヨタカライカシヒタラシヒメ）
38	天智（テンヂ）	668-671	天命開別（アメミコトヒラカスワケ）
39	弘文（コウブン）	671-672	
40	天武（テンム）	673-686	天渟中原瀛真人（アマノヌナハラオキノマヒト）
41	持統（ジトウ）	686-697	大倭根子天之広野姫（オオヤマトネコアメノヒロノヒメ）
42	文武（モンム）	697-707	天之真豊祖父（アマノマムネトヨオオジ）
43	元明（ゲンメイ）	707-715	日本根子天津御代豊国成姫（ヤマトネコトヨクニナリヒメ）
44	元正（ゲンショウ）	715-724	日本根子高瑞浄足姫（ヤマトネコタカミズキヨタラシヒメ）
45	聖武（ショウム）	724-749	天爾国押開豊桜彦（アメシルシクニオシハラキトヨサクラヒコ）

名）にみえる「オオヤマトネコ」系の諡号をそのまま採用しており、持統・文武・元明・元正のそれとまったく同一である。

そのほか神武・懿徳《いとく》・孝安の三天皇には、「ネコ」はみえないが、「ヤマト」あるいは「オオヤマトネコ」の和風諡号を用いている。「神日本磐余彦尊」ではヤマトを「日本」と書いているが、この書き方は『続日本紀』の大宝二年（七〇二）一二月条にみえる持統の諡号「大倭根《おおやまとね》子天之広野姫《こあめのひろのひめ》」のように「倭」と書く方法より新しく、元明（在位七〇七―七一五）の諡号「日本根子天津御代豊国成姫《おおやまとねこあまつみしろとよくになりひめ》」や元正（在位七一五―七二四）諡号「日本根子高瑞淨足姫《やまとねこたかみづきよたらしひめ》」の場合と同じである。

◇新旧二つの倭王朝

こうしたことから、神武以下九人の天皇の和風諡号は、持統の和風諡号決定後、『日本書紀』が成立した七二〇年までの間に『日本書紀』編纂者によって作られたと考えてよい。

橿原市にある現在の神武陵は、一八五〇年（嘉永三年、将軍徳川家慶）に神武の陵ときめられ、一八六〇年（万延元年）から一八六三年（文久三年）の間に現在の形に整えられ、考古学的には認められていない。しかし神武の東征・大和平定の物語は、大和に王都を置いて最初の古代国家を建設した始祖王の史実を反映している。

しかし国家建設の時期は古墳時代であるから、その始祖王の墓は巨大な古墳が築造されたはずであり、神武がもし実在の初代天皇であったとすれば、それにふさわしい巨大古墳があってしかるべきである。しかし神武の墓として考古学的に認められるような古墳が残っていないことは、神武が実在していなかったかあるいは架空の天皇であったといえる。

第二代の綏靖《すいぜい》から九代の開化までの八人の天皇は、『日本書紀』に即位・立太子・立后・死亡などについては記載されているが、天皇としての事績が記されていないので「欠史八代」と呼ばれている。前述のように八代の天皇の和風諡号が『日本書紀』編纂時に作られたものであることと、陵墓がすべて考古学的に問題にならないことからみて、この八代も実在しないことは明らかである。

井上光貞（一九一七―一九八三）はこれらの天皇の実在を否定する根拠として、皇位継承法の問題をあげている。井上光貞によると、この八人の天皇はそれぞれ父子の関係にあるが、日本で父子継承が皇位継承の方法として考えられてきたのは七世紀になってからであるから、この八代を父子継承でつないだのは七世紀のことだという。それでは架空の初代天皇神武とそれに続く八人の架空の天皇が作られたのはなぜであろうか。

石渡信一郎は井上光貞の説を受けて、古墳時代の日本列島には新旧二つの倭王朝が存在したからだとして次のように指摘している。『古事記』には五瀬とカムヤマトイワレヒコ（神武）の二人の「日の御子」が登場するが、最初の主役五瀬が死んだ後、カムヤマトイワレヒコが主役になる。主役が五瀬からカムヤマトイワレヒコに交替したという話は、古い倭王朝が新倭王朝に交替した史実を反映している。

新倭王朝（ヤマト王朝）の『日本書紀』編纂者は対中国（唐）との関係を考慮して、ヤマト王朝を太古から日本列島に存在した王朝と見せかけるために、古倭王朝の存在を隠さなければならなかった。彼らは天皇家の始祖として架空の天皇を創り出し、古倭王朝の始祖王崇神を第一〇代天皇としたのである。そのため「記紀」編纂者は神武の即位を紀元前六六〇年に繰り上げたので、その空白を埋めるために「欠史八代」の天皇を創作した。

『日本書紀』は崇神＝御間城入彦五十瓊殖《みまいいりひこいにえ》を紀元前一世紀代の天皇としているが、崇神の在位年代は桜井市にある箸墓古墳（墳丘長二七八メートル）が造営された四世紀代と考えられる。崇神の墓は奈良盆地東南部の墳丘長二〇〇メートルの行燈山《あんどん》古墳とされているが、箸墓古墳が古倭王朝の始祖王崇神の墓と考えて大きな間違いはない。

神武東征の物語の神武の兄五瀬は崇神の分身であり、物語で王朝の交替を象徴するために五瀬は途中で死ぬことになるが、実在の崇神は大和平定に成功し、日本古代国家成立の始祖王となった。崇神を始祖王とする王朝、すなわち古倭王朝は新倭王朝と交替する。

◆騎馬民族征服王朝説

江上波夫（一九〇六―二〇〇二）の騎馬民族征服王朝説が知られるようになったのは、文化人類学者石田英一を中心とする岡正雄・江上波夫・八幡一郎の座談会「日本民族＝文化の研究と日本古代国家の形成」が『民族学研究』（第一三巻第三号）に発表された一九四九年（昭和二四）からである。江上波夫の騎馬民族征服王朝説のあらましは次の通りである。

四世紀末から五世紀初めにピラミッドをもしのぐ世界最大の陵墓である応神、仁徳陵が築造され、同じ古墳時代後期の墳墓からは前期の祭祀的な副葬品とは明らかに異なる楯・靫《ゆき》・鏃《ぞく》・刀・甲冑《かっちゅう》などの武器類、轡《くつわ》・鐙《あぶみ》・鞍《くら》などの馬具類などが普遍的に発見されている。

後漢時代の東アジア
（井上光貞『日本の歴史』1による）

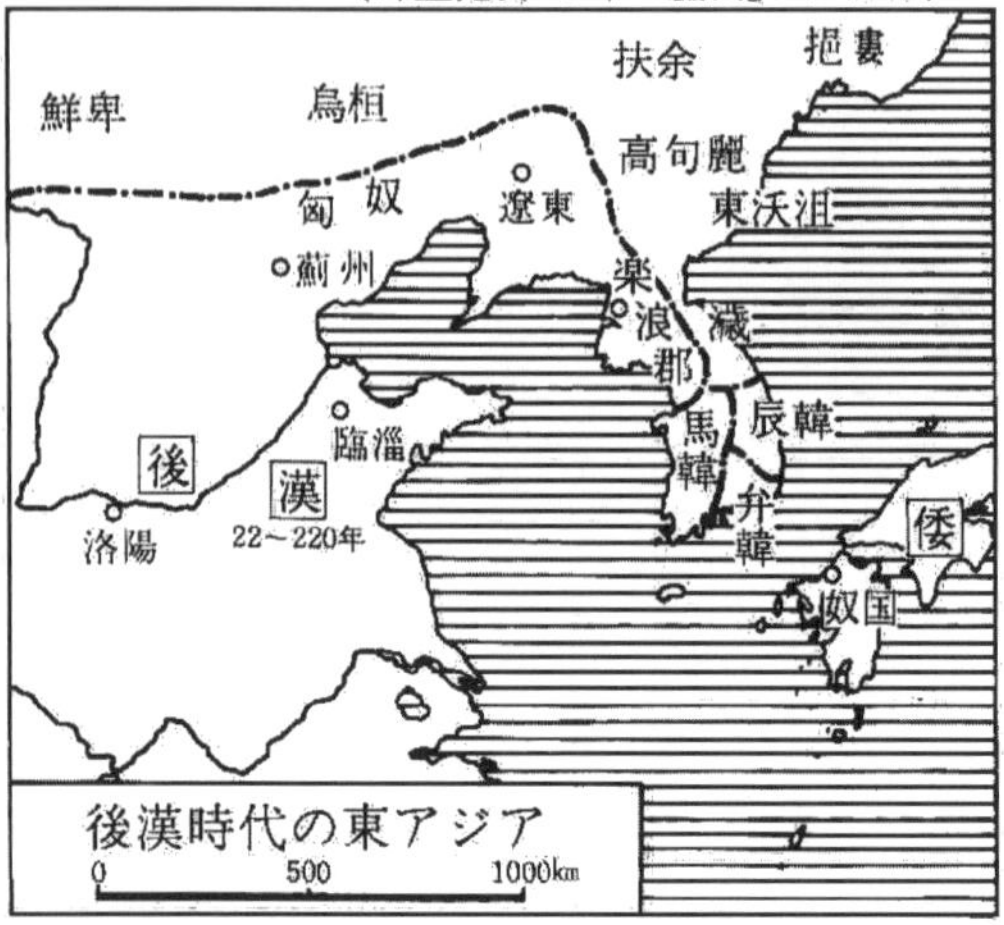

古墳時代前期と後期を分ける副葬品の著しい差異は、農耕民的な古墳前期社会から騎馬民族的な古墳後期社会への大きな転換を示している。このような異質な相違が生まれたのは、大陸から朝鮮半島を経由して倭人を征服した騎馬民族があり、その征服民族が騎馬民族的大陸文化を日本に広めたと解釈するのが自然である。

『魏志』東夷伝によれば、三世紀前半ごろの南朝鮮に辰《しん》王という王がいて、馬韓《ばかん》を中心とする辰韓《しんかん》・弁韓の半ば（弁・辰二四国のうちの一二国）を支配していた。この辰王は、当時の中国周辺の形成からみて東満州の夫余《ふよ》・高句麗系（ツングース系）であったと推測できる。

辰王の比較的ゆるやかな支配下にあった馬韓が、四世紀前半には独立して百済となり、四世紀後半に辰韓は建国して新羅となった。そのため辰王の支配権は任那・加羅と名称が変わったが、依然として小国の集まりであった弁韓に限定されるようになった。倭国（日本）に渡来したのはこの辰王の系統の騎馬民族を中心と部族であると考えられる。

三世紀末から四世紀の初めごろ任那の王である辰王が、任那から北九州に侵入し「韓倭連合国」を樹立した。この辰王がヤマト（大和）朝廷の最初の天皇といわれる御肇国天皇《はつくにしらすすめらみこと》こと御間入彦（崇神天皇）である。

『百済から渡来した応神天皇――騎馬民族王朝の成立』（『応神陵の被葬者はだれか』（増補改訂版、二〇〇一年）の著者石渡信一郎は、江上波夫の説に多く学び、刺激を受けながらも江上説の問題点を次のように指摘している。

井上光貞は「記紀」にみえる崇神の人物像と事績には、海外からの征服者としてのおもかげがまったくないとして、江上説が崇神を任那王と見ることに反対している。しかし、記紀が天皇家の出自を隠すために書かれた史書であるとすれば、わざわざ第一〇代天皇崇神を海外からの征服者として描くわけがない。

江上説では古墳時代における朝鮮半島からの住民の大量渡来を考えられていないが、最近の人類学界では古墳時代に大量渡来があったとみる学説が有力になっている。江上説では前期古墳文化の特徴として平和的であることを挙げている。

しかし奈良県桜井市のメスリ山古墳（墳丘長二二四メートル）は古墳時代前期の前方後円墳であるが、この古墳から鉄矛《てつほこ》二一二、銅鏃二三六など攻撃用武器が出土している。また古墳時代前期初頭の前方後円墳である椿《つば》井《い》大塚山古墳（京都府木津川市山城町）からも七本以上の鉄刀、十数本以上の鉄剣のほか、鉄冑が出土している。

これらの武器が呪物・祭器でなく、戦闘のための実用品であることは明らかであり、前期古墳時代の首長が司祭者的な弥生時代の首長とは異なり、武人的な性格を持っていることを示している。したがって江上説のように古墳時代前期の社会を祭祀的・呪術的・平和的な社会と断定することはできない。

江上説では崇神は四世紀初めごろ北九州に渡来したとし、四世紀末ごろ応神が第二回の建国をおこなったとしているが合理的根拠はない。誉田山古墳（応神陵）の築造年代を四世紀末から五世紀初めとしているが、この年代も年輪年代学の測定と矛盾する。江上説では応神は崇神の子孫とされているが、応神は新倭王朝の始祖王であるから崇神の子孫とは考えられない。

石渡信一郎による江上波夫の問題点を引用したが、それだけ江上説が画期的であり、石渡信一郎の「日本古代国家は新旧二つの朝鮮半島からの渡来集団によって建国された」という命題に大きな影響を与えている。

次章では倭国最初の建国者が御肇国天皇《はつくにしらすすめらみこと》こと御間城入彦＝崇神天皇であることを念頭に置いて『日本書紀』の崇神天皇を検証する。

第2章　実在の天皇崇神こと御間城入彦

1　皇統無窮と天神地祇

◇初代天皇崇神

『日本書紀』巻第五崇神天皇即位前紀から元年（紀元前九二年、干支は甲申）・三年（紀元前九五年、丙戌）は次の通りである。この崇神天皇の巻五からは、神武をのぞく第二代綏靖《すいぜい》から第代九開化までの「欠史八代」の天皇と異なり、系譜・立太子・即位・皇太后・皇子女など旧辞的内容の記事が詳しくなる。

このことは崇神天皇が神武とちがい実在した初代天皇であることを物語っている。ちなみに旧辞とは日本古代の口承された神話・伝説を記録したものであり、『古事記』編纂の主要な資料となっている。

御間城入彦五十瓊殖《みまきいりひこいにえ》天皇は稚日本根子彦大日日天皇《わかやまとねこひこおおひひすめらみこと》（開化天皇）の第二子である。母は伊香色謎命《いかがしこめのみこと》といい、物部氏の遠祖大綜杵命《おおへそきのみこと》の娘である。天皇は一九歳で皇太子となった。

生まれながらにして善悪正邪を識別された。壮年にいたっては天神地祇を崇敬され、常に天子の天つ日嗣《ひつぎ》の大業を治めようと心掛けた。

開化天皇六〇年（紀元前九八年、干支は癸未）稚日本根子彦大日日天皇（開化）が崩御された。元年（紀元前九七年、干支は甲申）正月一三日皇太子は天皇の位に即《つ》いた。三年二月一六日御間城姫を皇后とした。これより先、皇后は活目入彦五十狭茅《いくめいりひこいさち》命（垂仁）・国方姫命・千千衝倭姫《ちちつくやまとひめ》命・倭彦命・五十鶴彦《いかつるひこ》命を生んだ。

またの妃である紀伊国の荒河戸畔《あらかわとべ》の娘遠津年魚目眼妙媛《とおつあゆめまぐわいひめ》は豊城入彦命・豊鍬入姫命を生んだ。次の妃尾張大海媛は八坂入彦命・渟名城入《ぬなきいり》姫命・十市瓊入姫《とおちにいりひめ》命を生んだ。この年は、太歳は甲申（紀元前九七年）であった。

◇皇統無窮と天神地祇

崇神の系譜は明らかになったので、次は崇神天皇の事績（業績）を「崇神紀」に従って追っていくことにする。崇神三年（紀元前九五年、干支は丙戌）九月、都を磯城《しき》の瑞籬宮《みずがきのみや》（桜井市金屋付近）に移した。四年（紀元前九四年、干支は丁亥）一〇月二三日天皇は次のように詔《みことのり》をした。

そもそも我が皇祖のすべての天皇が、皇位を継ぎ政事を行ってきたのは、ただ一身のためではない。思うに人と神とを統御し、天下を治めるためである。今、私は皇位を継承し、民を愛育することとなった。いかにしていつまでも皇祖の跡を継承し、永く無窮の皇統を保持すればよいだろうか。それは群卿百僚ら、お前たちが忠誠を尽くし、共に天下を平安にすることが何よりも大切である。

崇神天皇五年（紀元前九三年、干支は戊子）国内に疫病が発生し、死亡する者が人口の過半数に及んだ。

六年（紀元前九四年、干支は癸丑）百姓が流亡離散し、中には叛《そむ》く者があった。その威勢は皇徳をもってしても治めることが難しかった。天皇は朝から夜まで政務に励み、天神地祇に謝罪を請い願った。

これより先、天照大神（以下、アマテラス）・倭大国魂《やまとおおくにたま》の二神を同じように天皇の大殿《おおとの》の内に祭っていた。ところがその二神の神威を恐れて、二神と共に住まわれることに不安があった。そこでアマテラスを崇神の娘豊鍬入姫命に託して倭《やまと》の笠縫邑（奈良県磯城郡田原本町秦庄）に祭り、堅固な神域を立てた。また日本《やまと》大国魂神を娘の渟名城入姫命に託して祀らせた。しかし渟名城入姫の髪が抜け落ち身体が痩せ細って祀ることができなかった。

◇倭国の神大物主と大田田根子

崇神七年（紀元前九一年、干支は庚寅）二月一五日天皇は「我が治世になってからしばしば災害に襲われるようになった。天神地祇のお咎めを受けたのではあるまいか。神亀の占いを行って災害の起こるいわれを究めずにいられようか」と言って、神浅茅原《かみあさじはら》（桜井市外山《とびやま》の浅茅原）に赴き、八十万《やそよろず》の神々を集めて問い占わせた。

この時倭迹迹日百襲姫命《やまとととひももそひめのみこと》（孝霊天皇の娘、以下ヤマトトトヒメ）に乗り移って、「天皇よ、もし私を敬い祀られるならば、必ず天下は平穏になるだろう」と言った。「そのようにご教示される神はいずれの神か」と天皇。「私は倭国の内にいる神で名を大物主神《おおものぬしのかみ》（大三輪の神）という」と言った。天皇は神の言葉通りに祭祀を執り行った。

しかし一向に効験が現われなかった。天皇は沐浴斎戒《もくよくさいかい》して「願わくはもう一度夢の中で教示され、神恩を十分に垂れ給え」と祈願した。するとその夜一人の貴人が現われた。そして御殿の戸に向かって自分から大物主神だ」と名乗り、「国が治まらないのは、我が心によるものだ。もし我が子の大田田根子をして私を祀らせたならば、たちどころに平穏になるだろう。また海外の国があって、その国も自然と帰服するだろう」と言った。

この年の八月七日、倭迹早浅茅原目妙媛《やまととはやかむあさじはらまぐしひめ》・穂積臣の遠祖大水口宿祢《おおみなくちのすくね》・伊勢麻績君《いせのおみのきみ》の三人が共に天皇と同じ夢を見たと天皇に報告した。天皇は大層喜んで天下に布告して大田田根子を探し求めたところ、大田田根子が見つかった。

天皇は大田田根子に「そなたはいったい誰の子か」と尋ねた。すると大田田根子は「父は大物主大神といい、母は活玉依媛と申します。陶津耳《すえつみみ》の娘です」と答えた。天皇は「私は栄えてゆくことになるだろう」と言って、さっそく物部連の祖伊香色雄《いかがしかお》を、神班物者《かみのものあかつひと》（幣帛を分かつ人）にしようと占ったところ「吉」であった。

一一月一三日伊香色雄に命じて物部の多くの人々が作った祭具を使って、大田田根子を大物主大神を祀る神主とし、また長尾市《ながおち》を以って倭大国主魂神を祭る神主とした。それから後に、他の神を祭りたいと占ったところ「吉」とでた。

そこで別に八十万《やおろず》の神々を祭り、そして天社《あまつやしろ》・国社《くにつやしろ》と神地《かむところ》（神田）・神戸《かむべ》（民）を定めた。こうして疫病ははじめて途絶え、国内はようやく静穏になり、五穀もすっかり稔った。百姓は豊饒《ほうじょう》となった。

◆新神祇制度の施行

大田田根子を大物主神の祭主（神主）とし、天神（天つ神）・地祇（国つ神）を祭ることにした『日本書紀』崇神天皇七年（紀元前九一、庚寅年）の一連の記事は、新しく内定された新神祇制度の史実を反映している。新しく内定された「新神祇制度」とは文武天皇（六八三―七〇七。持統の孫、元明の子）が亡くなった年の七〇七年（慶雲八年、干支は丁未）に内定され、元明天皇（和同元年，干支は戊申）正月一一日の詔勅で施行されている。

しかし七〇七年に新神祇制度が内定されたことと、七〇八年和銅元年に正月一一日の元明天皇の詔勅で施行されたことは『続日本紀』には公式には記録されなかった。先に述べたように『日本書紀』崇神天皇七年（紀元前九一年、干支は庚寅）の「大田田根子を以って大物主神を祭る祭主として、天社・国社（天つ神・国つ神）を定めたという記事は、文武天皇七〇七年（干支は丁未年）に新神祇制度が内定されたことを反映している。

三輪山の神大物主を祭る式内社大神《おおみわ》神社（奈良県桜井市）の創建は、社伝によると崇神七年

（紀元前九一、庚寅年）であるが、実際は七〇八年（干支は戊申年）である。『日本書紀』崇神天皇八年（紀元前九〇年、干支は辛卯）一二月条に「天皇、大田田根子を持って大神を祭らせる」という記事は、七〇八年の新神祇制度施行によって大神神社の祭神が大物主神とされ、大三輪朝臣が大神神社の社家とされた史実と、「八十神の神」すなわち多数の神を祭る神社の祭神と社家が定められた史実が反映されている。

そしてまた崇神天皇が神の教えのままに赤盾・赤矛・黒盾・黒矛で墨坂神《すみさかのかみ》と大坂神《おおさかのかみ》を祭ったという『日本書紀』崇神天皇九年（紀元前八九、干支は壬辰）四月一六日条の記事は、七〇八年の新神祇制度に従って、七〇九年（己酉年）四月に墨坂・大坂神を祭った史実が反映されている。もちろん『続日本紀』元明天皇和同二年（七〇九、干支は己酉年）にはそれらしき記事は見当たらない。当然と言えば当然のことである。なぜなら藤原不比等の主導の初期律令国家は新神祇制度の施行を極秘に進めていたからである。

ちなみに『日本書紀』天武天皇五年の夏条の「大旱魃があった。使者を国中に派遣し、幣帛《みてぐら》を供えて諸々の天神地祇に祈らせた」という記事は、七〇七年（丁未年）に新神祇制度が内定された史実を干支半運（三〇年）繰り上げて記録している。なぜなら「天武紀」五年（六七六。干支は丙子年）八月一六日条に次のように書かれている。

「国中に大祓いを行う。用いる物は、国ごとに国造《くにのみやつこ》が準備せよ。祓柱《はらいのもの》は馬一匹・布一常《じょう》とし、以外は郡司《こうりのつかさ》がそれぞれ刀一口・鹿皮一張・鍬一口・刀子一口・鎌一口・矢一具・稲一束を準備せよ」

また同六年（六七七。干支は丁丑年）五月二八日条に「天社地社の神税は三分して一は神を祭るために、二は神主に与えよ」とあり、また同七年（六七八。戊寅年）是の春条に「天神地祇を祭るために天下にことごとく大祓《おおはらえ》が行われた。斎宮を倉梯川の川上に建てた」とある。このように天武天皇は全国各地の神社の祭神を天神（天つ神）と地祇（国つ神）とに分けた。ちなみに『続日本紀』元明天皇元年（七〇八、干支は戊申）の詔勅とは次の通りである。この元明の詔勅は「天神地祇」の背景と趣旨については述べられてはいるが、「新天神地祇」が施行されたことは書かれていない。

正月一一日武蔵国の秩父郡が和銅（精錬を要しない自然銅）を献じた。これに関し天皇は次のような詔を下した。現御神《あきつかみ》として天下を統治する天皇の詔として宣《の》べられるお言葉を、親王・諸王・諸臣・百官の人たち・天下の公民は皆承れと申しのべる。

高天原《たかまがはら》から降臨された天皇の時代から始まって、中頃から現在に至るまで何れの天皇の時代も、天つ日嗣《ひつぎ》として高御座《たかみくら》にいまして治められ、人民を慈しんでこられ、天下統治のつとめであると、神として思う、といわれるお言葉を皆承れと申しつげる。

このように統治され慈しまれてきた天つ日嗣のつとめとして、いま自分が治世に当たっているので、天地の心を衷心からかしこんで、恐れ多く思っていたところ、治めているこの国の東方にある武蔵国に、自然に生じた熟銅《にぎあかがね》がでたと奏上して献上してきた。

この物は天におられる神と地におられる神とが、ともに政治をめでられ祝福されたことによって、現れでた宝であるらしいと、神として思う。そこで天地の神が現された瑞宝により、御世《みよ》の年号を新しく換えると仰せになるお言葉を、皆承れともうしつげる。

このように律令国家は七〇七年一一月新神祇制度を内定し、七〇八年の施行を正史の『続日本紀』には記録しないで、各神社の創建については干支を大きく繰り上げて神代の時代や神武時代や崇神・垂仁時代に振り分けたのである。次節では大物主神＝大国主＝大己貴命であることを明らかにする。

2　大己貴命と少彦名命

◇大物主神＝大国主＝大己貴命

『日本書紀』神代上〔第八段〕一書第六は「一書に伝えていう。大国主神《おおくにぬし》は〔または大物主神と申し、または国造大己貴命《くにづくりのおおあなむち》と申し、または葦原醜男《あしはらのしこお》と申し、または八千戈神《やちほこのかみ》と申し、または顕国玉神《うつしくにたま》と申す〕、その御子は合わせて一八一神であった」とし、大国主神＝大物主神＝国造大己貴命の国造りについて次のように書いている。

さて、大己貴命（以下、オオアナムチ）は少彦名命《すくなひこな》と力を合わせて天下を経営し、この世の人民と家畜のためには、その病気の治療法を定め、また鳥獣・昆虫の災害を除くためには、その呪いの方法を定めた。これによって人民は今に至るまでことごとくこの神のおかげをこうむっている。

昔、オオアナムチは少彦名命に「我々が造った国ははたして立派に造り上げたといえるだろうか」と言った。それに対して少彦名命は「できた所もあり、またできていない所もある」と答えた。この相談には深い意味があるらしい。その後、少彦名命は熊野の岬に行き着き、とうとう常世郷《とこよのくに》に行ってしまった〔別の伝えでは淡島《あわのしま》に着いて、粟の茎にのぼったところ、弾《はじ》かれて常世郷に到着したという〕。

これより後、国の中でまだ完成していない所は、オオアナムチがひとりよく経巡《へめぐ》って造り、ついに出雲国に着いた。そこで次のように宣言した。「いったい葦原はもとより荒れた国であり、磐石や草木に至るまですべて強暴であった。しかし私はすっかり摧《くだ》き伏せ、服従しないものはいなくなった」

「今この国を平定したのはこの私ただ一人である。私と一緒に天下を治める者はいるだろうか」と言った。その時、神《あや》しい光が海を照らし、忽然と浮かんでくる者が「もし私がいなかったら、あなたはどうしてうまくこの国を平定できたであろうか。私がいたからこそ偉大な功績を立てることができたのだ」と言った。

「ならばあなたはいったい誰だ」とオオアナムチ。「私はあなたの幸魂《さきのみたま》・奇魂《くしみたま》である」と少彦名命。「やはりそうか。あなたは私の幸魂・奇魂であることはすぐわかった。今どこ住みたいと思うか」とオオアナムチ。「私は日本国《やまとのくに》の三諸山（三輪山）に住みたいと思う」と少彦名。そこでその神の宮殿を御諸山に造営し、そこに住まわせた。これが大三輪の神である。

この神の子は甘茂君《かものきみ》たち・大三輪君たち・媛蹈鞴五十鈴媛《ひめたたらいすずひめ》である。別伝に言う。事代主神が八尋熊鰐《やつしろくまわに》に変化して、三島の溝樴《みぞくい》姫の許に通って〔ある伝えに玉櫛姫という〕、媛蹈鞴五十鈴媛が生まれた。これが神日本磐余彦《かむやまといわれひこ》天皇（神武天皇）の后である。

初めオオアナムチが国を平定した時、出雲国の五十狭狭《いたささ》の小汀《おはま》に行き着いて食事しようとした。この時、突然人との声がした。驚いて探したが、全然、見当たらない。しばらくして一人の小さな男ががが芋の皮で船を造り、ミソサザイの羽を衣服にして潮流のままに浮かび着いた。

オオアナムチはさっそくそれを取り上げて掌《てのひら》に置いて弄《もてあそ》んでいると、飛び跳ねてその頬に噛みついた。そこでその小男のかたちを怪しみ、天神《あまつかみ》に報告した。高皇産霊命はこれを聞いて「私が生んだ子は全部で一五〇〇柱である。その中の一柱はたいそう悪くて、教えにも従わない。指の間からこぼれ落ちたのがきっとその子であろう。慈しみ養育してくれ」と言った。これが少彦名命である。

◇始祖王昆支の霊

以上の引用記事によれば、オオアナムチは国の中を巡って国作りをした後、出雲に到着したとある。しかしオオアナムチが国作りをしたのは出雲だけではないことがわかる。というのは『古事記』が大穴牟遅《おおあなむじ》を出雲の神としているが、『古事記』は六四五年のクーデター以後に書かれたものであり、『古事記』の大穴牟遅の伝承が新しいことを示している。オオアナムチが天下を経営し、国作りをしたということはオオアナムチが倭国を統一した神、すなわち倭国の建国神であることを物語っている。

オオアナムチが自分の幸魂・奇魂を住まわせたという日本国《やまとのくに》の三諸山が出雲の山ではなく、大和の三輪山であることは、オオアナムチの幸魂・奇魂が大三輪の神とされていることからも明らかである。であれば、国作りをしたオオアナムチが本来は国家の始祖王昆支の霊であったことを意味している。

オオクニヌシ（大国主）の別名オオナムチは、オオアナムジ（古事記）のナ（地または国）、ムチ（貴）を「主」と翻訳したものである。オオクニヌシの別名としてアシハラシコオ（葦原醜男）という名前があげられているが、アシハラシコオは「アシハラ（大東加羅）の強い男」の意味である。シコは「頑強なこと」を意味する。

オアナムチが「大東加羅の強い男」と呼ばれたのは、この神が大東加羅すなわちヤマト国家の始祖王昆支の霊だからである。先述したように『日本書記』「崇神紀」には疫病で国内が乱れたが、オオモノヌシの祟りによるものであった。そこでオオモノヌシの子のオオタタネコ（大田種子）に祭らせたところ疫病も収まり、国内も鎮まったとある。

この伝承は三輪山の神オオモノヌシの祭祀が三輪君らの祖によって始められたこと示してい

る。『日本書記』はその年を崇神七年（紀元前九一）とした。したがって弥生時代の話になるのであてにならない。オオモノヌシは昆支の霊であるから、崇神時代に昆支の霊が祭られるわけない。

◇欽明天皇の磯城嶋金刺宮

それでは昆支の霊はいつ祭られたのだろうか。和田萃《あつむ》が指摘する「三輪高宮家系図」（『国立歴史民俗博物館研究報告』）の三輪君特牛という人物の注に「金刺宮御宇《かなさしのみや》（欽明天皇）元年四月に大神を祭った」とあるが、四月祭の始めであると書かれていることから三輪君は六世紀以降に台頭し、金刺宮御宇すなわち欽明天皇（在位五三一―五七二）の時代に祭主となって三輪山の祭祀を行った氏族とみてよい。

欽明天皇の磯城嶋金刺宮伝承地（桜井市外山初瀬川南方付近）は三輪山麓にある。欽明は自分の父であり、かつヤマト王朝の初代大王である昆支の霊を倭国の建国神として三輪山に祭り、欽明の異母兄弟である三輪君特牛をその祭主としたのである。

三輪山に祭られた昆支の霊は大王霊である。『日本書記』「敏達紀」一〇年（五八一）二月条によれば、蝦夷が辺境を犯したので天皇（敏達）が首領綾糟《あやかす》に「お前蝦夷は大足彦天皇（景行天皇）の御世に殺すべき者は殺し、許すべき者は許した。今、私は先例に従って誅殺しようと思う」と言ったと、次のように書かれている。

そこで綾糟らはたいそう畏まって泊瀬川に入って、三諸山に向かい、私ども蝦夷は今後、子々孫々まで清明な心で天朝にお仕えします。私どもがもし誓いに背いたなら、天地の諸神及び天皇の御霊が私どもの子孫を絶滅させるでしょう」と申しあげた。

この記事からも六四五年の乙巳《いっし》のクーデター以前は三輪山に大王昆支の霊が祭られていたことがわかる。七世紀後半以降、三輪山の神である昆支の霊が日神の座を奪われたのも、継体系の大王家が新しい日神アマテラスを作ったからである。

『日本書紀』「崇神紀」によればオオモノヌシは妻のヤマトトトビモモソヒメの所に夜な夜な通っていたが、小蛇《おろち》になったところを姫に見られて三諸山に去ったとある。ヤマトトトビモモソヒメは崇神の父孝元天皇の妹とされている。崇神と血縁関係のある女性とオオモノヌシが結婚したという話は、昆支が崇神王朝の女性と結婚した史実を反映している。

以上のように、「出雲の神」「国つ神」とされているオオアナムチ（オオクニヌシ・オオモノヌシ・オオクニタマ・アシハラシコオ・ヤチホコ・ウツシクタマ）はスサノオ（素戔男尊）と同一神、すなわち昆支の霊であり、大化以前の建国神である。昆支王晩年の子欽明は大王としての権威を高め、かつ諸豪族や民衆を思想的に統合することを図ったのである。

しかし継体系の天皇家は「記紀」などによってこの史実を隠し、昆支の霊をさまざまな名をもつ神に作り替え、あたかも出雲の土地神であるかのようにみせかけたのである。

3　ヤマトトトヒメと箸墓古墳

◇四道将軍を任命

崇神九年（紀元前八九年、干支は壬申）天皇の夢に神のような人が現われて、「赤楯八枚・赤矛八竿を奉って墨坂神を祭りなさい。また黒楯八枚・黒矛八竿を奉って大坂神を祭りなさい」と言った。四月一六日天皇は夢の教えに従って墨坂神・大坂神を祭った。

『日本書紀』訳者頭注によれば「墨坂」は奈良県宇陀郡榛原町の近鉄榛原駅から西北方の西峠の坂で、大和と伊勢を結ぶ要路である。また「大坂」は奈良県北葛城県北葛城郡香芝町穴虫にあたり、二上山北側の穴虫峠越えの西の河内（大阪府羽曳野市）に出る要路である。

崇神一〇年（紀元前八八年、干支は癸巳）天皇は群卿に向かって「民を導く根本は教化することにある。天神地祇を崇敬することによって災害もみな消えた。しかし辺境の人どもはなお従うことをしない。これはまだ王化の徳に浴していないからだ。そこで群卿たちを選んで四方に派遣し、我が教えを知らしめよ」と言った。

崇神天皇一〇年九月九日大彦命（開化天皇の兄）を北陸道に派遣し、武渟川別《たけぬなかわわけ》を東海道に派遣し、吉備津彦を西道（山陽道）に派遣し、丹波道主命を丹波（山陰道）に派遣した。崇神は「もし教えを受け入れない者があれば、直ちに兵を差し向けて討伐せよ」と言った。かくして四人に印綬を授けて将軍に任じた。

◇倭迹迹日百襲姫と箸墓の築造

崇神天皇に倭迹迹日百襲姫命《やまとととひももそひめのみこと》（孝霊天皇の皇女、以下ヤマトトトヒメ）という姑《おば》がいた。この姑には未来のことを予知する能力があった。そこで、天皇に「武埴安彦《たけはにやすびこ》は妻の吾田媛と一緒に倭《やまと》の香具山の土を取り、呪言《のろいごと》して〝これは倭国の物実《ものしろ》である〟と言って帰った」と告げた。ヤマトトトヒメの予言どおり武埴安彦は妻の吾田媛と謀って、夫は山背から妻は大坂から襲撃しようとした。天皇は五十狭芹彦《いさせりひこ》（孝霊天皇の皇子。別名吉備津彦）を派遣し、吾田媛とその兵を残らず殺した。また大彦と和《わ》邇《に》臣の遠祖彦国葺《ひこくにふく》を派遣し、那羅山《ならやま》（山背と大和の境界の峠）で武埴安彦を射殺した。

武埴安彦の反乱を制圧した後、このヤマトトトヒメは大物主神の妻となった。ところが大物主神はいつも昼に現われず夜だけ通ってきた。「あなたは昼はお見えにならないので、はっきりとそのお顔を見ることができません。もうしばらく留まってください。明朝、謹んで美しい厳正なお姿を拝見したいと思います」とヤマトトトヒメ。「道理はもっともだ。明朝お前の櫛《くし》笥《げ》に入っていよう。どうか私の姿に驚かないでくれ」と大物主神。

ヤマトトトヒメは心中ひそかに不思議に思い、夜が明けるのを待って櫛笥を見ると、美しい小蛇《おろち》が入っていた。その長さといい、太さといい衣の紐《ひも》のようであった。とたんにヤマトトトヒメは驚き叫んだ。

すると大物主神はたちまち人の姿に化身して「お前は我慢ができずに驚き叫び、私に恥じをかかせた。私も今度は逆にお前に恥じを書かせよう」と言って、天空を踏みとどろかして御諸山《みもろやま》（奈良県桜井市の三輪山）に昇って行った。

そこでヤマトトトヒメは大物主神を仰ぎ見て、どすんとしりもちをついた。そうして箸で陰部を突いて死んでしまった。そこで大市《おおいち》（大和国城上郡大市。桜井市の北方、穴師・箸中付近）に葬った。それゆえ時の人は、その墓を名付けて箸墓と言った。

この墓は昼は人が造り、夜は神が造った。大坂山（二上山）の石を運んで築造したのである。山から墓に至るまで人民が立ち並び、石を手から手へ渡して運んだ。時の人は次のような歌を詠んだ。

大坂に　継ぎ登れる　石群《いしむら》を　手通伝に越《こ》さば　越しかてむかも

4　活目入彦＝垂仁、皇太子となる

◇四道将軍の派遣

崇神天皇一〇年（紀元前八八）一〇月一日天皇は群臣に「今や反逆した者はことごとく誅《つみ》に伏した。我が畿内（大和・山城・摂津・河内・和泉）は安泰である。ただし畿外の王化に浴しない乱暴者だけは、まだ騒動が止まらない。そこで四道将軍たちは今ただちに出発せよ」と命じた。二二日将軍たちは出発した。

同一一年（紀元前八七、干支は甲午）四月二八日、四道将軍は夷戎《ひな》を平定した状況を報告した。訳者頭注は「夷戎《ひな》」について「周辺の野蛮の国々。古代中国でいう東夷・南蛮・西戎の相称」と解説している。

同一二年（紀元前八六、干支は乙未）九月一六日初めて戸籍を調査し、また課役《かえき》を科した。これを男の弓弭調《ゆはずのみつぎ》、女の手末調《たなすえのみつぎ》の貢《みつぎ》という。これによって天神地祇は共に穏和となり、風雨は時に順《したが》い、種々の穀物は熟して、家々には物が満ち足り人々は満足し天下は大いに平穏となった。それゆえこの天皇を讃えて御肇国天皇《はつくにしらすめすめらみこと》と言った。

同一七年（紀元前一七、干支は庚子）七月一日天皇は「船は天下にとって肝要である。今、海辺の民は船がないために甚だしく運搬の業に苦しんでいる。それゆえ諸国に命じて船舶を造らしめよ」と言った。

崇神天皇四八年（紀元前五〇、干支は辛未）正月一〇日天皇は豊城命《とよきのみこと》・活目尊《いくめのみこと》に勅《みことのり》して「お前たち二人の皇子への私の慈愛はまったく同じだ。どちらを皇太子に立てたらよいかわからない。お前たち見た夢でどちらを皇太子にするか決めよう」と言った。

兄豊城命は「自ら御諸《みもろ》山に登り、八回槍を突き出し、八回刀を撃ち振り回しました」と答えた。弟活目尊は「御諸山の峰に登り、綱を四方に引き渡し、粟を食む雀を追い払いました」と答えた。

そこで天皇は「兄は東方だけを向いていた。だから東国を治めるがよい。弟はすっかり四方に臨んでいた。まさに私の即位を嗣《つぐ》のにふさわしい」と言った。四月一九日活目尊を皇太子とした。豊城命には東国を治めさせた。これが上毛野君《かみつけのきみ》・下毛野君《しもつけのきみ》の始祖である。

◇出雲振根《ふるね》の反乱

崇神天皇六〇年（紀元前三八、干支は癸未）七月一四日天皇は群臣に「武日照命（出雲臣の祖神）の天から持ってきた神宝が、出雲大神の宮に収蔵してある。これを見たいものだ」と言った。そこで矢田部造《やたべのみやつこ》の遠祖武諸隅《たけもろずみ》を派遣した。

この時は出雲臣の遠祖出雲振根《ふるね》が神宝を管理していた。しかしたまたま出雲振根は筑紫国に出かけていたので、武諸隅は会うことができなかった。そこで出雲振根の弟の飯入根《いいいりね》は速やかに皇命を受け入れ、神宝を弟の甘美韓日狭《うましからひさ》と子の鸕濡渟《うかずくぬ》に持たせて献上した。

そうこうするうちに筑紫から帰ってきて出雲振根は、神宝を朝廷に献じたことを聞き、「ここ数日待つべきであった。何を恐れてそんなにたやすく神宝を差し出してしまったのか」と言って弟の飯入根を責めた。

すでに何年か経ったにもかかわらず、恨みと怒りは収まることのなかった出雲振根は弟の飯入根を殺そうと思った。そこで弟に「止屋《やむや》（出雲市の塩冶あたり）の淵にたくさんの藻《も》が生えている。一緒に見に行こうではないか」と言った。

以前から出雲振根は真剣に似せた木刀を作っていた。自分はその木刀を持ち弟の飯入根は真剣をもち、止屋の淵にやって来た。兄は「淵の水は気持ちよさそうだ。一緒に水浴びをしよう」と誘った。二人は腰に帯びている刀を外して淵の岸辺に置いて水浴びをした。そして兄は先に陸にあがって弟の真剣を自分の腰に帯びた。後から上がった弟は驚いて木刀を取り共に撃ち合ったが、兄の真剣に勝つすべがなく撃ち殺されてしまった。時の人は次のような歌を詠んだ。

八雲立つ　出雲武《いずもたける》が　佩《は》ける太刀　黒葛多巻《つづらさはま》き　さ身無しに　あはれ
〔出雲武が佩いている太刀は葛《かずら》をたくさん巻いて立派だが、中身がなくてはなんとも気の毒だ〕

以上の事柄を甘美韓日狭と鸕濡渟が詳細に朝廷に報告したので、吉備津彦と武渟河別《たけぬなかわわけ》を派遣して出雲振根を誅滅した。それゆえ出雲臣たちはこの事を恐れ畏み、大神（出雲大神＝大己貴神）を祭らなかった。その時丹波の氷上の人で、名は氷香戸辺《ひかとべ》という者が皇太子活目尊に次のように言上した。

私の子に小児《わらは》がおり、自然に物を申すには〝玉藻のなかに沈んでいる宝石それは出雲の人が祭る本物の見事な鏡だ。威力があふれ出る、立派な鏡だ。渓流の水を潜る御霊で人目につかず、静かに掛かっている水底にある本体だ〟と言いました。

これは子児《わらは》の言葉としては似つかわしくはありません。あるいは神がとりついての言葉かもしれません」と言った。そこで皇太子の活目尊が天皇に伝えたので、勅を下して出雲大神を祭らせることになった。

崇神天皇六二年（紀元前三六、干支は乙酉）七月二日、天皇は「農業は国家の大きな基《もとい》である。民が生きてゆく拠りどころである。今、河内の狭山（大阪狭山市）の埴田《はにた》には水が少ない。そのためその国の百姓は農事を怠っている。そこで灌漑用の池・溝をたくさん掘って民の業《なりわい》を広めよ」と宣言した。同年一〇月依網池《よさみいけ》を造った。同年一一月苅《かり》坂池・反折池《さかおりのいけ》（奈良県橿原市大軽町付近）を造った。

崇神天皇六七年（紀元前六七、干支は庚寅）七月任那国が蘇那曷叱知《そなかしち》を派遣して朝貢した。任那《みまな》は筑紫をさること二千余里、北方の海を隔てて新羅の西南にある。天皇は即位してから六八年一二月五日崩御された。御年一二〇歳であった。翌年（紀元前六七、干支は辛卯）八月一一日山辺道上陵に葬られた。

第3章　垂仁天皇こと活目入彦五十狭茅

1　ツヌガアリシトと日売語曾神社

◇「垂仁紀」の異文・異説

『日本書紀』巻第第六垂仁天皇即位前紀と元年（紀元前二九、干支壬申）正月と二年二月条条は次の通りです。

> 活目入彦《いくめいりひこ》五十《い》狭茅《さち》（垂仁）は御間城入彦《みまきいりひこ》五十《い》瓊殖《にえ》天皇（崇神）の第三子である。母の皇后は御間城姫と申し、大彦命（孝元天皇皇子）の娘である。天皇は御間城天皇の二九年（紀元前六九、干支は壬子）正月一日瑞籬宮《みずかきのみや》で生まれた。
>
> 父の天皇（崇神）は常に身近において慈しみ愛された。活目入彦《いくめいりひこ》は二四歳の時に夢の前兆によって皇太子となった。崇神六八年（紀元前三〇、干支は辛卯）一二月御間城入彦五十瓊殖天皇（崇神天皇）は崩御された。垂仁元年（紀元前二九、干支は壬申）活目入彦五十狭茅は天皇の位についた。一〇月一一日御間城天皇を山辺道上陵に葬った。

二年二月狭穂姫《さほひめ》を皇后とした。皇后は誉津別分命《ほむつわけ》を生んだ。天皇は誉津別分命を慈しみ愛され、常に傍に置いた。誉津別分命は壮年になっても物が言えなかった。

ちなみに「垂仁紀」四年九月二三日条によれば、皇后狭穂姫《さほひめ》は皇位簒奪を企てた兄狭穂彦から天皇（垂仁）を殺すように懐剣を渡される。狭穂姫は天皇が膝枕して寝ているときを狙ったが、天皇への愛の涙があふれ、謀反は露見する。天皇による征討軍は狭穂彦の砦を包囲する。懐妊の身の狭穂姫は兄の誘いを断ることができず兄の砦に入る。天皇は生まれた皇子誉津別分と狭穂姫を取り戻そうとするが、姫は自ら犯した罪を恥じて皇子誉津別分を遺して征討軍八綱田が放った火の中に飛び込んで自害する。

上記「垂仁紀」によれば、活目尊は崇神二九年（紀元前六九）に誕生し、二四歳のときに皇太子になったことがわかる。活目尊が二四歳で皇太子になった年は崇神天皇五二年（紀元前五三年、干支は乙亥）にあたる。しかし「崇神紀」四八年（紀元前五〇、干支は辛未）四月一九日条には「活目尊（垂仁）を皇太子とした」書かれている。これによれば活目尊の皇太子になった歳は二〇歳になる。

事実、『日本書紀』訳者頭注は「崇神天皇二九年誕生とあるから、この二四歳は崇神天皇五二年。だが崇神紀四八年正月一九日条に活目尊に立太子の記事があり、これによれば活目入彦が皇太子になった年齢は二〇歳である。これは崇神紀と垂仁紀の齟齬《そご》の一例である」と垂仁紀の二四歳の記事に疑義を呈している。

たしかに「垂仁紀」は異文（異説）を交えて構成されている。したがって垂仁が実在したのか、しなかったのか判断に迷わざるをえない。とはいっても異説・異文も捨てがたい。取捨選択をしながらできるだけ忠実に追っていけば、活目入彦＝垂仁の実在が見えてくる。

◇都怒我阿羅斯等《つぬがのあらしと》の説話

先に述べたように垂仁二年（紀元前二八年、干支は癸巳）二月九日狭穂《さほ》姫を皇后とした。后《きさき》は誉津別命《ほむつわけ》を生んだ。天皇は誉津別命を常に傍において慈しみ愛した。誉津別命は壮年になっても物を言うことができなかった。一〇月纏向（奈良県旧纏向郡村）に都を造った。これを珠城《たまき》宮という。

この年任那《みまな》の蘇那曷叱知《そなかしち》（崇神六〇年に来朝）が「国に帰ることにします」と言った。そこで蘇那曷叱知に手厚い報賞があり、赤絹百匹を持たせて任那の王に与えた。ところが新羅人が途中で蘇那曷叱知を遮り、それを奪った。任那と新羅両国の争いはこの時始まった。次に「垂仁紀」はある説（異伝）として都怒我阿羅斯等《つぬがあらしと》の説話を挿入している。その内容は次の通りである。

崇神天皇の世に額《ひたい》に角の生えた人が一つの船に乗って越の国の笥飯浦《けひのうら》（九頭竜川の河口の坂井郡三国と嶺南の敦賀郡敦賀）に停泊した。その名を付けて角鹿《つぬが》という。その人に「どこの国の人か」と尋ねた。するとその人は次のように答えた。

「意富加羅《おおから》の国王の子で都怒我阿羅斯等《つぬがのあらしと》、またの名は于斯岐阿利叱智干岐《うしきありしちかんき》といいます。

人づてに日本《やまと》の国に聖王がいると聞いて参上しました。穴門《あなと》（下関海峡の港）に着いた時、その国に人がいて、その名を伊都都比古《いつつひこ》と言いました。その人は私に〝我はこの国の主である。自分のほかに国王はいない。それゆえ他の地に行くな〟と言いました。

しかしながら私はよくよくその人なりを見ると、これは決して王ではないことを知り、さっそく引き返しました。道が分からなくて島々や浦々にぐずぐず留まりつつ、北海（日本海）から回って出雲国を経てここに到着しました」

この時、先帝（崇神天皇）の崩御に遭遇し、そのまま留まって活目《いくめ》天皇（垂仁天皇）に仕えて三年にもなった。天皇は都怒我阿羅斯等に「お前は自分の国に帰りたいと思うか」と問うと、「たいそう望んでいます」と都怒我阿羅斯等。天皇は阿羅斯等に「お前が道に迷わず、たしかにもっと早くやって来ていたなら、先帝に拝謁してお仕えできたであろうものを、それ故お前の本国の名を改めて、御間城天皇（崇神）の名を負いお前の国にせよ」と言った。そうして赤織の絹を阿羅斯等に与え本国に返した。そこでその国を弥摩那《みまな》国《くに》というのはこの国の由縁である。

阿羅斯等はもらった赤絹を自国の蔵に治めた。新羅の人がこれを聞きつけ、兵を起こして赤絹を奪ってしまった。これが任那と新羅の憎しみの始まりである。

◇比売語曾社の神

また一説に都怒我阿羅斯等が本国にいた時、黄牛に農具を背負わせて田の中にある家屋に連れて行った。ところが黄牛が急にいなくなった。ただちにその足跡を辿り求めたところ、足跡はある郡役所の中で留まっていた。その時一人の老夫が現われて次のように言った。

「あなたが探している牛は郡役所の中に入った。ところが郡公《むらきみ》らが〝牛の背負っている鍬《すき》から推し量ると、きっと食べるために用意したのであろう。もしもその所有者が探しに来たら、代わりに物をやって弁償すればよい〟と言って、殺して食べてしまった。もし〝もし牛の代償として何を望むか〟と聞かれたら、財を望みなさるな。〝郡内で祭っている神を得たいと思う〟と言いなさい」

まもなく郡公らがやって来て「牛の代償に何を得たいと思うか」と言ったので老夫が教えたように答えた。その祭る神というのは白い石であった。そこでその白い石を牛の代償とした。その白い石を持ち帰って寝室の中に置いておくと、その石はきれいな乙女になった。

阿羅斯等は大いに喜んで交合しようとした。ところが阿羅斯等が外出している間に、乙女はたちまちいなくなった。阿羅斯等はたいそう驚いて自分の妻に「乙女はどこに行ってしまったのか」と尋ねた。妻は「東の方に向かって行きました」と答えた。

そこで探し追い求め、ついに遠く海を越えて日本国《やまと》にやって来た。探し求めた乙女は難波に来て比売語曾社《ひめこそのやしろ》（大阪市東成区東小橋町三丁目）の神となり、また豊国《とよくに》の国前郡《みちのくにのこおり》に来て、やはり比売語曾社（大分県東国東郡姫島村）の神となった。共にこの二ヵ所に祀られたという。

2　アメノヒボコ伝説

◇『古事記』の天之比矛

以上、『日本書紀』巻第六垂仁天皇二年（紀元前二八年、干支は癸已）条の二つ異説を紹介したが、この二つの説話と似た話が『古事記』「応神紀」にも書かれているので、次に紹介する。『日本書紀』の都怒我阿羅斯等は『古事記』では天之比矛《あめのひほこ》に該当する。『古事記』では天之比矛は新羅の国王の子として海を越えて倭国に渡来したわけが次のように書かれている。

新羅の国に阿具奴摩《あぐぬま》という沼があった。この沼のほとりに一人の卑しい女が寝ていた。すると日の光がその女の陰部を射した。その様子を見た男が不思議に思って女の行動を窺がっていた。その女は昼寝をした時以来、身ごもって赤い玉を生んだ。男はその玉をもらい受け、いつも包んで腰につけていた。

男は一頭の牛を引いて歩いているとき、国王の子である天之比矛に出会った。天之比矛は「どうしてお前は飲食物を牛に背負わせて谷間に入るのだ。お前はきっとこの牛を殺して食べるつもりだろう」と言って、牢屋に入れようとした。「私はただ耕作人の食べ物を運んでいるだけです」と男。しかし天之比矛は許さなかった。男は腰につけた玉を解いて賄賂として天之比矛に贈った。

天之比矛は持ち帰って床に置いたところ、玉はたちまち美しい乙女となった。それで天之比矛はその乙女と結婚して、正妻とした。乙女は美味しい物を作って夫に食べさせた。ところがある日、国王の子天之比矛は思い上がって妻を罵《ののし》った。対して女は「だいたい私はあなたの妻となるべき女ではありません。私の祖先の国に行くことにします」と言って、こっそり小船にのって難波に留まった〔これは難波の比売碁曾神社《ひめごそのやしろ》に鎮座して、阿加流比売神《あかるひめのかみ》というのである〕。

◇『日本書紀』の天日槍

『日本書紀』巻第六垂仁天皇三年（紀元前二七、干支は甲午）三月条には、『古事記』の天之比矛は「天日槍《あめのひこ》」と表記され、次のように書かれている。

新羅の王子天日槍が来朝した。持ってきた物は、羽太《はねふと》の玉一箇・足高の玉一箇・鵜鹿鹿《うかか》の赤石の玉一箇・出石《いずし》の小刀一口《ひとふり》・出石の桙一枝《ほこひとさや》・日鏡一面・能の神籬《ひもろぎ》一具、合わせて七物あった。それを但馬国に納めて永く神宝とした。

〔一説に、初め天日槍が小船に乗って播磨国に停泊し、宍粟邑《しさわ》（市沢村）にいた。その時天皇は三輪君の祖大友主と倭直の祖長尾市《ながおち》とを播磨に遣わせて「お前は誰か。またどこの国の人か」と尋ねさせた。天日槍は「私は新羅の国王の子です。しかし日本国に聖王がいると聞いて、自分の国を弟の知古《ちこ》に譲って、帰属を願い参上しました」と答えた。

そうして天日槍が献上した物は葉細《はほそ》の珠・足高の珠・鵜鹿鹿の赤石の珠・出石の短刀・出石の桙・日鏡・能の神籬・胆狭浅《いささ》の大刀《たち》、合わせて八種であった。そこで天皇は「播磨国の宍粟邑と淡路島の出浅邑《いでさのむら》と、この二つの邑にお前の意のままに居住してよい」と言った。対して天日槍は「私の住む所は、もし天皇がお許しくださるならば私が自ら諸国を巡って自分の心にかなった所を賜りたいと存じます」と答えた。天皇はただちにこれを許した。

そこで天日槍は宇治川を遡り、近江国の吾名邑《あな》に入ってしばらく住んだ。それからさらに近江から若狭国を経て、西方、但馬国《たじま》に至り、ここを住居と定めた。こういう次第で、近江国の鏡村の谷の陶人《すえひと》（陶器を作る人々）は天日槍の従者なのである。

こうして天日槍は但馬国の出島《いずし》の娘麻多烏《またお》を娶って但馬諸助を生んだ。諸助は但馬日楢杵《たちばなひならき》を生んだ。日楢杵は清彦を生んだ。清彦は田道間守《たじまもり》を生んだという」。

この分注一説の最後の田道間守は『日本書紀』垂仁天皇九〇年二月条にも登場する。その田道間守は垂仁天皇に常世国に派遣され非時香菓《ときじくのかくのみ》（橘）を探してくるように命じられる。その結果は垂仁天皇九九年垂仁天皇が亡くなった翌年の三月条に次のように書かれている。

三月一日田道間守は常世国から帰ってきた。その時持ち帰ってきた物は非時香菓、八竿《はちほこ》八縵《はちかけ》であった。田道間守は天皇が亡くなったことを聞いて、嘆き悲しんだ。「常世国は神仙が隠れ住む世界であって、俗人が行けるところではありません。ただ一人高い波頭を越えて再び本土に戻ることができようとは。しかしながら聖帝の神霊によって帰ってくることができました。今、天皇が崩御され、帰着の復命をすることもかないません。私が生きていても何の甲斐があるでしょうか」と号泣した。そして天皇の御陵の赴き、自ら死んだ。田道間守は三宅連の始祖である。

宇佐八幡宮（大分県宇佐市大字南宇佐）の古い祭神が比売神《ひめかみ》であることはよく知られている。この神は『古事記』の天之比矛伝説にみえる比売碁曾社の神と同じく崇神王朝の祭った神と考えられる。八幡神は三歳の小児として出現したことは、八幡神が嬰児神《えいじ》すなわち始祖神であることを意味している（拙著『八幡神の正体』参照）。

宇佐八幡宮に応神の霊が祭られたのは六世紀後半である。八四四年にできた『八幡宇佐宮弥勒寺建立縁起』によると、八幡神は品太《ほむた》天皇（応神）の霊で、欽明天皇二九年（五八八）に豊前国宇佐郡馬城峯《まきむね》（御許山）に天降ったという。

アメノヒボコ伝説（『日本書紀』は天日槍、『古事記』は天之比矛。以下、アメノヒボコ）も応神が朝鮮から渡来したことは先に引用した『古事記』の天之比矛の話からもわかるはずである。『古事記』のアメノヒボコ伝説には昼寝をしていた女の陰部に日光が射して妊娠して出産したという日光感精説話や難波の比売碁曾社に祭られている阿加流比売《あかるひめ》（以下、アカルヒメ）が玉から生まれたという卵生説話の変型とみられる。

3　野見宿禰と土師連の由縁

◇出雲の野見宿禰

『日本書紀』垂仁天皇五年七月七日条によれば、天皇の側近のものが「当麻邑に当麻蹴速《たいまのけはや》という勇ましく強い人がいて、この世に自分より強いものがいたら力比べしたいと言っています」と報告した。天皇はこれを聞いて群卿に「誰か当麻蹴速に敵《かな》うものはおらぬか」と言った。すると一人の臣が進み出て「出雲に野見宿禰という勇者がいると聞いています。試みにこの野見宿禰と取り組ませたらどうかと思います」と言った。天皇はさっそく倭直《やまとのあたい》の祖長尾市を派遣して野見宿禰を出雲から呼び寄せた。

二人は互いに蹴り合ったが、ほどなく野見宿禰が当麻蹴速のあばら骨を折り、腰を踏み砕いて殺してしまった。そこで天皇は当麻蹴速の土地を没収して野見宿禰に与えた。これがその邑に腰折山がある由縁である。ところが『日本書紀』垂仁天皇二八年一〇月五日条から「垂仁紀」三二年七月六日条にかけて次のように書かれている。

天皇の同母弟倭彦命が亡くなった。一一月身狭桃花鳥坂《むさのつきさか》（別名枡山古墳、一辺八五メートル《メートル》の墳。奈良県橿原市鳥屋町）に葬られた。ここに側近の寵臣たちを集めて、ことごとく生きたまま陵《みささぎ》の境界に埋め立てた。数日を経ても死なず、昼夜泣き呻きどおしであった。そのうちに、死んで腐り、悪臭が漂い、犬・烏が集まって腐肉を食った。

天皇はこの泣き呻く声を聴いて悲しみ悼み、次のように言った「およそ生きている時に寵愛したからといっても亡者に殉死させるのは極めて痛ましいことである。今後は議って殉死をやめせよ」

三〇年正月六日天皇は五十《い》瓊敷命《にしきのみこと》・大足彦命（景行）に「それぞれ欲しい物を言いなさい」と言った。兄王は「弓矢を得たい」といい、弟王は「皇位を得たい」と言った。そこで天皇は弓矢を五十瓊敷命に授け、大足彦に「お前は必ず位を嗣なさい」と言った。

三二年七月六日皇后日葉酢姫命が亡くなった。葬り祭ろうとしたが何日もの間過ぎた。「亡き人に殉死する仕方は良くないことを知った。この度の葬礼はどのようにしたらよいか」と天皇。件《くだん》の野見宿禰が進み出て「君主の陵墓に生きた人を埋め立てるのは、実に良くありません。どうしてこのようなことを後世に伝えることができましょうか」と言って、出雲の国から土部《はにべ》一〇〇人を呼び、自ら埴土《はにつち》をとって、人・馬・その他いろいろな物の形を作って天皇に献上した。「今から後は土物を持って生きた人に代わって陵墓を立てましょう」と野見宿禰。

天皇は「お前の便法はまことに私の心にかなった」と言い、その土物を日葉酢媛命の墓に立てた。天皇は野見宿禰の功績を誉め、工事場を与えた。そうして土師職《はじのつかさ》に任じた。それで本姓を土師臣といった。これが土師連らが天皇の喪葬をつかさどることになった由縁である。それゆえ野見宿禰は土師連らの始祖である。

たしかに埴輪伝説の野見宿禰にまつわる伝説は出雲（奈良県桜井市）に多い。奈良盆地における大和朝廷の中心は柳本古墳群と鳥見山古墳群を含む三輪山山麓の西方にあった。埴輪の製作地はこの二つの勢力圏内にあたる初瀬川（大和川の上流）に集中している。『はにわ誕生』（講談社、一九六二）の著者金谷克己（当時、相模女子大講師）はこの奈良盆地の「出雲」の地について次のように書いている。

この地区は今の桜井市の初瀬町となり、出雲町となっている。謎を秘めた埴輪起源伝説の立役者、野見宿禰の支配下にあって、出雲国から召されたという土師部の最初の集落地はこの地区ではなかったか。土師部が出雲から来たという伝承によって出雲という地名が生まれ、現代では出雲人形の町として残っている。同市の茶臼山古墳には埴輪誕生にまつわる謎の壺もこの地区に居住した土師部（工人）であったと考えられる。

金谷克己によれば土師氏による埴輪製法は新しくもたらされた須恵器の普及によって、土師部の集団も凋落の一途とたどるようになる。ついに土師部は宮廷の葬儀だけをつかさどるようになったのである。事実、金谷克己が指摘するように、土師部の子孫は自らの地位向上を要請していることが、『続日本紀』光仁天皇天応元年（七八一）六月二五日条に次のように書かれている。

遠江介《とうとみ》・従五位下の土師部宿禰古人と散位・下従五位の土師宿禰道長ら一五人が次のように言上した。土師の祖先は天穂日命（アマテラスとスサノオとの天真名井《あまのまない》での誓約の際に生まれた男神五柱の一神）よりでています。その一四世孫の名を野見宿禰といいます。昔、纏向の珠城宮《たまきみや》にて天下を治められた垂仁天皇の時代には、古い風習がなお存在していて、葬儀のしかたにきまりがありませんでした。凶事があるたびに、殉死者を埋葬するのが多くの例でした。

そんな状態で皇后（日葉酢媛命）が薨じて殯宮《もがりのみや》が庭にありました時に、垂仁帝が群臣に顧みて「妃の葬儀をどのようにしたらよいのか」と尋ねられました。群臣たちは「ひとえに倭彦王子（垂仁の同母弟）の旧例に従われたらよろしいでしょう」と言いました。この時私どもの遠い祖である野見宿禰が進み出て「私が考えますに、殉死者を埋葬する儀礼はとくに仁愛ある政治に背くものであります。国に利益をもたらし、人に利益をもたらす道ではありません。そして土部三〇〇余人を率いて、自ら指揮をとって埴土（粘土）を取り、さまざまな物を作り、進上しました」と言いました。

垂仁帝は埴輪をご覧になって大そう喜んで殉死する人を替えられました。名付けて「埴輪」と申します。いわゆる立物とはこれであります。このことは往帝（垂仁帝）の仁徳と先臣（野見宿禰）の残した仁愛の心とが後世に寛大さを示したもので、民はこれを頼りにしています。

そこで祖先がなしてきたことを顧みますと、吉箏と凶事が相半ばしていて天皇の葬礼の時には葬儀をつかさどり、祭りの日には祭事を与かっております。このように奉仕してきましたことは、まことに世間の習慣にも合致しておりました。ところが今はそうではなく、もっぱら葬儀のみ与かっております。先祖の職掌を深く考慮してみますに、本意はここにはありません。そこで居住地の地名にちなんで、土師を改めて菅原の姓にしていただきますようお願いします、と。

天皇は勅して、願い通りにこれを許可した。

ところで山部親王こと桓武（七三八―八〇六）は光仁天皇と和新笠《やまとにいがさ》との間に生まれた第一皇子だが、母の和《やまと》新笠の家柄が低かったため即位したときの年齢は四四歳であった。新笠は百済系土師《はじ》氏を出自とする真妹《まいも》を母とし、父は和乙継《やまとのおとつぐ》という百済系渡来人である。和新笠の「高野」になった理由は聖武天皇の娘高野天皇（孝謙天皇）にあやかったものと考えられる。称徳を「高野天皇」と呼ぶのは高野山陵に葬られたからである。歴史学者の瀧浪貞子は新笠の同族が高野天皇陵（奈良市山陵町字御陵前）の所在する大和国添下郡の郡司であり、陵の管理にかかわっていた関係とみている。

通説では桓武天皇の母高野新笠は身分が低かったとされている。しかし、古代日本国家が新旧二つの渡来集団によって成立し、天智・天武が百済系渡来集団の始祖王応神＝倭王武（昆支王）の末裔であるならば、高野新笠が百済系武寧王の子純太王の子孫であることは間違いないばかりか、桓武自身が父光仁を通して百済系継体→敏達→舒明→天智の血を受けついでいる。したがって桓武がれっきとした百済系渡来団の末裔であることは明らかである。なぜなら隅田八幡鏡銘文や武寧王陵の発掘（一九七一年）やその後の調査・研究から武寧王が昆支王の子であり、継体天皇（男弟王）が昆支の弟であることもわかっている。であれば先の高野新笠の身分が低いという瀧浪貞子の見解は十分に修正の余地があると言えるだろう。

4　応神＝アメノヒボコ

◇卵生説話

朝鮮の始祖王伝説には、始祖王が卵から生まれたという説話が多い。たとえば南加羅の首露王（崇神）の降誕の伝説にも卵生説話がある。始祖王が卵から生まれたという話は『三国史記』巻第一新羅本紀の第一代赫居世《かっきょせい》（在位紀元前五七―西暦四）条の次の記事からも明らかである。

始祖の姓は朴氏で諱《いみな》は第一代赫居世である。前漢孝宣帝の五鳳元年甲子の年（紀元前五七）四月丙辰の日〔註：正月一五日ともいう〕に即位した。王号を居西干《きょせいかん》といった。この時一三歳であった。国号を徐那伐《じょなばつ》といった。

これ以前に朝鮮からの移住民が山間に分かれて六村を作っていた。これらが辰韓の六部である。高墟村の村長蘇伐公《そばつこう》が楊山《ようざん》（南山）の麓をみる羅井《らせい》（慶州市塔里）の傍の林の中で、馬が跪くようにして嘶《いなな》いていた。そこへ行ってみると、突然馬の姿が見えなくなり、ただ大きな卵だけがあった。

その卵を割ると、その中から幼児が出てきた。そこで幼児を取り上げて育てた。その子が十余歳になると、六部の人達は彼の出生が神秘的だったので、彼を崇め尊び、この年になって君主に擁立した。辰韓では瓢《ひさご》のことを朴という。始祖が地上に初めて表われた時の大卵が瓢のようであったので始祖の姓を朴とした。居西干とは辰韓では王者のことをいう。

母が日光に射られて生まれたアカルヒメ（阿加流比売）の「アカル」に始祖神の謎を解く鍵が秘められている。石渡信一郎によればアカルヒメのアカルは朝鮮語で「大」を意味するからである。「大」を意味する子音のkが脱落してアにとなったものに、加羅の意のカルがついて、アカルとなったもので「大加羅」を意味する。

応神の明宮《あきらのみや》があったカル（軽）の地は、現在の橿原市大軽町である。「明」の字は崇神系の物部氏や尾張氏の始祖神である火明命《ほあかりのみこと》の場合はアカリと読まれている。金思燁によると加羅は加利となっているから、アカリも「大加羅」の意と解される。石渡信一郎はアカル＝アカリが大加羅のことであることについて次のように指摘している。

私がアカルヒメのアカルを「大加羅」と推定するもう一つの根拠がある。アカルヒメを祭神とする難波の比売碁曾神社は『延喜式』には比売許曾神社と書かれており、祭神は下《した》照比売《てるひめ》とされている。この「下照姫」の下を、押と同じく、「下・南・前」を意味する古代朝鮮語のａｒｐ、ａｐに由来する語とみれば、「下照」は難波にかかる枕詞「押し照る」と同じ意味である。

難波は「南加羅」に由来するから、下照比売は「押し照る難波のヒメ」を意味し、難波すなわち南加羅の神ということになる。そして「下照」は「太陽が照りつける」意味でもあるから下照比売は、南加羅（大加羅）の太陽の女神・女性の日神（始祖神）でもある。

そこで下照比売＝アカルヒメは南加羅の王朝である崇神王朝の始祖神ということになる。しかし崇神王朝の始祖王は崇神の霊であるから、アカルヒメは「記紀」によって崇神王朝の始祖王が男神から女神に変身させられたものであろう。

◈応神の分身アメノヒボコ

それではアカルヒメの夫になったアメノヒボコは何を象徴しているのだろうか。アメノヒボコを「記紀」の応神天皇の分身とし、アカルヒメを崇神王朝の始祖神である女神とすれば、アカルヒメの夫となったアメノヒボコは崇神王朝に入り婿となった応神を象徴とする男神となる。

「記紀」はアメノヒボコを新羅の王子としているが、石渡信一郎は応神の分身アメノヒボコは百済の王子とし、その根拠について次のように説明している。

『日本書紀』「垂仁紀」のアメノヒボコ伝説には、近江国の鏡村の谷の陶器を作る人々はアメノヒボコに従って来た者であると書かれているが、この鏡村は現在の滋賀県蒲生《がもう》郡竜王町地区で、多数の須恵器窯跡があり、鏡谷窯跡群と呼ばれている。だが、この鏡谷窯で生産された須恵器は新羅系ではなく百済系である。

また竜王町には六世紀後半以降には群集墳があるが、その内部構造は百済系の横穴式石室である。垂仁時代に新羅の王子が製陶工人を率いて渡来したという『日本書紀』の説話は、六世紀前半ごろにこの地に百済から渡来したか、もしくは陶邑から移住した製陶工人集団が持っていた伝承を『日本書紀』が勝手に変えたものとみられる。

また但馬国はアメノヒボコが永住した地とされているが、但馬出土の初期須恵器は陶邑産の可能性が高いと見られている。そして但馬で最古の須恵窯跡は竹野町鬼神谷窯跡であるが、この窯が生産を開始したのは六世紀前半である。六世紀後半になると百済系の横穴式石室墳や群集墳が出現する。これらのことは但馬地方に移住した集団が百済系であることがわかる。

以上のことから、アメノヒボコ伝説は秦氏を中心とする百済系渡来集団がもっていたものであり、彼らが始祖とするアメノヒボコすなわち応神は新羅の王子ではなく、百済の王子であったと判断される。

「記紀」がアメノヒボコを新羅の王子としたのは、七世紀後半百済と高句麗が唐・新羅連合軍によって滅ぼされ、朝鮮半島は新羅の支配領域となったので新羅に対して、応神の分身を百済の王子とすることができなくなったためである。このことはアマテラスの弟スサノヲに言える。

5　言葉を発したホムツワケ

◆垂仁天皇の五人の後宮

『日本書紀』垂仁天皇一五年（紀元前一五、干支は丙午）二月条によれば、天皇は丹波の五人の女を後宮にいれた。第一は日葉酢媛《ひばすひめ》といい、第二は渟葉田瓊入媛《ぬばたにいりひめ》、第三は真砥野姫《まとのひめ》といい、第四は薊瓊入媛《あざみにいりひめ》命、第五は竹野媛という。

その年の八月一日垂仁は日葉酢媛を皇后とし、皇后の妹である三人の女を妃とした。ただし竹野媛だけは容姿が醜いというので故郷に返された。竹野媛は戻されたことを恥じて、葛野《かずの》（京都市右京区と西左京区の北部）に着くと自ら輿から落ちて死んだ。この地を名付けて堕国《おちくに》という。今、弟国《おとくに》というのは訛ったのである。

皇后の日葉酢媛は三男一女を生んだ。第一子は五十瓊敷入彦《いにしきいりひこ》命といい、第二子は大足彦命（景行）といい、第三子は大中姫命といい、第四子は倭姫命といい、第五子は稚城瓊入彦《わかきにいりひこ》命という。妃の渟葉田瓊入媛は鐸石別命《ぬてしわけのみこと》と胆香足姫命《いかたらしひめ》を生んだ。次の妃の薊瓊入媛《あざみにいりひめ》は池速別命・稚浅津姫命《わかあさつひめ》を生んだ。

垂仁二三年（紀元前七、干支は甲寅）九月天皇は群卿に「誉津別王《ほむつわけ》（狭穂姫の子）はすでに生年三〇歳、髯《ひげ》もたいそう長く伸びたのに泣いてばかりいて赤子のようだ。いつも言葉を話さないのは，どういう訳なのか。担当の役人で協議してほしい」と言った。

一〇月天皇が大殿に立ち、皇子の誉津別が一緒にいた時、鵠《くぐい》（白鳥）が大空を飛び渡った。皇子は空を仰いで「あれは何か」と叫んだ。天皇は皇子が言葉を発したのを聞いて大いに喜び、「あの鳥を捕える者はいないか」と言った。すると鳥取造《ととりのみやつこ》の祖天湯河板挙《あめのゆがわたな》が名乗り出て「私が捕まえて献上しましょう」と応えた。天湯河板挙は鵠の飛んで行った方向を見届け、出雲で捕獲した。それによって天湯河板挙は姓《かばね》を与えられ、鳥取部《ととりべ》・誉田部《ほむつべ》を定められた。

◈『古事記』の品牟都和気《ほむちわけ》

『日本書紀』「垂仁紀」の誉津別《ほむつわけ》の説話は、『古事記』の方が詳しい。『古事記』の品牟都和気（以下、ホムツワケ）の説話は、天皇がサホビメ（沙本毘売）の兄沙本毘古《さほびこ》王の反乱を抑えたものの、サホヒメは兄の反乱の謀議に誘惑されたことを恥じ、生まれたばかりのホムツワケを残して我が身を燃え盛る稲城（稲束を積んだ砦）の火の海に身を投じて死んだところから始まる。

天皇は皇子ホムツワケを小船に乗せて大和の市師池（奈良県橿原市東池尻町や桜井市池之内あたり）や軽池（橿原市大軽町）で遊んだ。ちょうどその時、空高く飛んで行く白鳥の鳴く声を聞いてそれまで物をいうことのできなかったホムツワケは言葉を発した。

そこで天皇は山辺の大鷂《おおたか》（鳥を取る人）に白鳥を追わせた。この人は紀伊国から播磨国、さらに因幡国を越え、近江国に至り、そこから美濃国に越えて尾張国から続いて信濃国まで追い、和那美《わなび》（所在未詳）の水門《みなと》で網を張りその白鳥を捕まえて天皇に献上した。

しかし皇子は物を言うことなかった。天皇は占いによって出雲大神の祟りであることを知った。そこで曙立王《あけたつのみこ》が占いにあたった。天皇は曙立王に誓約《うけい》をさせて「わが皇子が物を言うようになるならば、鷺巣池《さぎすいけ》（奈良県橿原市四分町の鷺巣神社の辺り）の木に鷺よ落ちよ」と言った時に鷺は池に落ちて死んだ。「誓約にしたがって生きよ」と言った。すると再び生き返った。こうして行く先々の土地ごとに皇子の名代として品遅部《ほむちべ》と定めた。

さて出雲に着いて肥河《ひかわ》（揖斐川）の仮宮《かりみや》に泊った。そこで出雲国造の祖先、名は岐佐都美《きさつみ》が食事を差し上げようとした時、皇子ホムツワケは「この河下にあって青葉の茂る山のようなものは、山のように見えて山ではない。もしや出雲の石𥑎《いはくま》の曾宮《そのみや》でいらっしゃる葦原色許男大神《はしはらしこをのおおかみ》の祭場ではないか」と尋ねた。

お供に遣わされた曙立王ら一行は皇子ホムツワケのその言葉を聞いて喜び、皇子をあじまさの長穂宮に迎えて天皇のもとへ駅使《はゆまづかい》を送った。そして皇子は、一夜、肥長比売と共《とも》寝《ね》をした。

ところがその乙女を覗きみると蛇であった。皇子は一目見て恐れをなして逃げた。するとその肥長比売は海原を照らして船で迫ってきた。皇子はますます怖くなり、山の鞍部《あんぶ》（尾根の窪んだ所）から船を引いて大和に逃げ帰った。

お供をした曙立王《あけたつ》と菟上王《うなかみ》は帰還したことを報告し「出雲大神を参拝したことによって皇子は物をおっしゃいました」と言った。すると天皇は喜び、そのまま菟上王を出雲に引き返せて、大神の宮殿を新たに造らせた。そして天皇は皇子ホムチワケにちなんで、鳥取《ととり》部・鳥甘部《とりかい》・品遅部《ほむち》・大湯坐《おほゆえ》・若湯坐《わかゆえ》を定めた。

ホムツワケとはだれか

以上、『古事記』のホムツワケと白鳥の話を引用したが、これは『日本書紀』のホムツワケの説話を含めて「日本古代国家が朝鮮半島から渡来した新旧二つの渡来集団によって成立した」という石渡信一郎の命題を証明する根拠となっているからである。以下『百済から渡来した応神天皇』に依拠して、「ホムツワケとは一体だれか」について検証する。

『日本書紀』にはホムツワケは誉津別と書かれ、『尾張風土記』逸文には品津別と書かれている。百済の王子で蓋鹵王の弟昆支《こむき》はホムツと呼ばれ、ホムツはホムタに転訛している。というのは『釈日本紀』が引用している『上宮記』逸文に応神天皇がホムツワケと書かれており、『播磨風土記』には応神時代に品遅部《ほむちべ》が定められたという伝承がのっている。

『釈日本紀』は鎌倉時代に成立した『日本書紀』の注釈書であり、『上宮記』は聖徳太子に関する書物とみられている。『上宮記』逸文では継体天皇の系譜が説明されているが、その系譜の第一代は凡牟都和希《ほむつわけ》王、第二代は若野毛二俣《わかのけふたまた》王と記しており、継体を凡牟都和希の五世の孫としており、応神の子として『日本書紀』には稚野毛二俣皇子、『古事記』には若野毛二俣王の名がみえる。

継体は『上宮記』逸文では凡牟都和希王の五世の孫とされ、「記紀」では応神天皇の五世孫とされているから、継体の系譜の上で凡牟都和希王は応神と同じ位置にいる。さらに凡牟都和希王の子の若野毛二俣王は、応神の子の稚野毛二俣皇子（欽明）と同一人物と考えられるので、凡牟都和希王は応神とされている。したがって、応神はホムタワケのほかにホムツワケとも呼ばれていたことになる。

このように応神の名のホムチは、昆支の名のホムチと一致する。五世紀後半に倭国にコニキシ（大王）と呼ばれた百済の王子昆支の名と五世紀後半から六世紀初めの大王で、前身が百済の王子とみられる応神の名が一致することは、両者が同一人物であることを物語っている。

そして応神の墓とされている誉田《ほむた》山古墳（伝応神陵）の被葬者が昆支であることからホムタノミササギ（誉田陵）と呼ばれる。ホムチ（昆支）＝ホムタとすれば、ホムタノミササギは「昆支の御陵」の意と解することができる。百済の左賢王であった昆支（余昆）は、倭国王武となり、倭国で死んで、河内羽曳野の日本最大の古墳に葬られたことになる。

したがって『日本書紀』「垂仁紀」のホムチワケも、昆支＝応神の名ホムチから「記紀」編纂者が創り出した人物である。『日本書紀』にはホムチワケが三〇歳になって、長い髯が生えても小児のように泣いてばかりいたと書かれている。これはアマテラスの弟のスサノヲが長い髭が生えても泣いてばかりいたという『日本書紀』の話とよく似ている。

スサノヲは昆支（応神）の分身であり、スサノヲが成長しても小児のように泣いてばかりいたという話は始祖が嬰児の形をとって出現するという朝鮮の始祖伝説の変型である。そこで昆支と同じホムチの名をもち、スサノヲ同様、始祖神的性格を持つホムチワケも始祖王昆支の名から作られた分身とみることができる。

◆アマテラスの降臨

このように垂仁天皇が崇神に続く二代目の倭の五王「讃・珍・済・興・武」の始祖王的存在であることを具体的に説明する前に、神祇制度の改正とアマテラス降臨の説話（分注）について説明しておく。『日本書紀』巻第六垂仁天皇二五年（紀元前五、干支は丙辰）二月八日（A）から同年三月一〇日（B）とその分注（C）、同二六年八月三日（D）、同二七年八月七日（E）には次のように書かれている。

（A）二五年二月八日垂仁天皇は二年二月八日、阿倍臣《あべのおみ》の遠祖武渟川別《たけぬなかわわけ》・和珥臣《わにのおみ》の遠祖彦《ひこ》国葺《くにふく》・中臣連《なかとみのむらじ》の遠祖大鹿嶋《おおかしま》・物部連《もののべのむらじ》の遠祖十千根《とちね》・大伴連の遠祖武日の五人を招き、「我が先帝の御間城入彦五十瓊殖（崇神）はよく政治を治め、天神地祇を敬い祭った。今、私の世になって天神地祇の祭礼をどうして怠ることができようか」と言った。

（B）天照大神（以下、アマテラス）を豊鋤入姫《とよすきいりひめ》から離して倭姫（大和姫）に託された。そこで、倭姫はアマテラスを鎮座させるところを求めて、宇田筱幡《うだささはた》（奈良県宇陀郡榛原町の筱幡）に赴き、改めて引き返して近江国に入り、東方の美濃を巡って伊勢国に至った。

その時アマテラスは倭姫に「この神風の伊勢国は常世の波がしきりに打ち寄せる国である。大和から片寄った遠い国で美しいよい国である。この国に居たいと思う」言った。そこでその社（やしろ）を伊勢国に建て、そのために斎王宮を五十《い》鈴《すず》川のほとりに建てた。これを磯宮という。かくてアマテラスが初めて天より降臨した所である。

（C）一説に天皇は倭姫命を憑代《よりしろ》として、アマテラスに差し上げた。そこで倭姫命はアマテラスを磯城の厳橿《いつかし》の本に鎮座させて祭った。その後、神の教えに従って、丁巳年（二六年）冬一〇月甲子の日に、伊勢国の渡会宮に遷した。この時倭大神が穂積臣の遠祖大水口宿祢に神懸かりして、「天地開闢直前の物事の始めの時に、約束して『アマテラスはことごとく天原《あまのはら》を治めよ。代々（代々の天皇）の専ら葦原中国《あしはらのなかつくに》の天神地祇を治めよ。私は自ら地主神を治めよう』と言った。しかしながら先帝の御間代城入彦（崇神）は天神地祇を祭ったけれど、その根源まで詳細に探らず、枝葉のところでやめてしまった。そのために天皇は短命であった。そこで今、現天皇であるあなたが先帝のおよばなかったことを悔やまれて慎み祭るならば、あなた様の寿命は長く、天下もまた太平となるであろう」と言った。その時、天皇はこの言葉を聞いてすぐ中臣連の祖探湯主《くがぬし》に命じて、誰に大倭大神を祭らせたらよいか占わせた。すると渟名城稚姫命《ぬなきわかひめのみこと》の名が占いに出た。そこで渟名城稚姫命に命じて、神田を穴磯邑《あなしのむら》（奈良県桜井市穴師）に定め、大市《おおいち》の長岡岬に祭った。しかしこの渟名城稚姫命はすでに全身がすっかり痩せ衰えて祭ることができなかった。そのため大倭直《やまとのあたい》は祖長尾市宿祢に命じて祭らせたという。
（D）同二六年八月三日天皇は物部十千根大連に「使者を出雲国に派遣してその国を神宝を調べ定めよ」と言った。そこで十千根大連は神宝を取り調べ天皇に奏上し、神宝をつかさどった。
（E）同二七年（紀元前三。干支は戊午年）八月七日神祇官に命じて兵器を神の幣物としようと占わせたところ吉とでた。そこで弓矢と太刀とを諸社に奉納した。さらに神田・神戸を定め春夏秋冬の時を定めて祭らせた。兵器をもって天神地祇を祭ることはこれが最初である。この年屯倉を来目邑《くるめ》に設けた。

（C）の「垂仁二六年（丁巳年）に大倭直《やまとのあたい》は祖長尾市宿祢に命じて倭大神（倭大国魂）祭らせた」という記事は「崇神紀」七年（紀元前九一。干支は庚寅）一一月一三日の「伊香色雄に命じて物部の多くの人々が作った祭具を大田田根子以って大物主大神を祭る神主とし、また長尾市を以って倭大国魂神を祭る神主とした」という記事と重複している。
そして（E）の「諸国の神社に武器を奉納し、神田・神戸を定めた」という記事は七〇八年、元明天皇元年、戊申年）に武器を祭具として用いることなどの祭祀の方法が定められたことを七一〇年〔干支一二運（七二〇年）－一〇年〕繰り上げて非公式に記録している。したがってこれらの記事が作成されたのは『日本書紀』編纂段階のⅢ期（七一二―七二〇）の七一八年（元正天皇養老二年。干支は戊午年）とみることができる。

以上の（A）から（E）までの記事からヤマトヒメ（倭姫）が崇神の霊アマテルが伊勢に遷したことはわかる。しかしいつ崇神の霊アマテルが大和から伊勢に遷されたのであろうか。このことついて石渡信一郎は次のように述べている。

六七二年の壬申の乱で天武は朝明郡《あさけこうり》（三重県三重郡）の迹太川《とおがわ》のほとりでアマテラスを遥拝した。この時天武が拝んだのはアマテラスではなくアマテルである。なぜなら天武自身が尾張連氏を通じて崇神の血を引いているうえ、加羅系日神アマテルを拝むことにより、味方に着いた加羅系の豪族の信頼を得る必要があったからである。

天武は壬申の乱後の六七四年に三輪山から崇神の霊アマテルを伊勢に遷したと推定できる。なぜなら「天武紀」二年（六七三）大来皇女（天武天皇の皇女。母は天智天皇の娘大田皇女）を天照大神宮に奉仕させるために泊瀬（桜井市初瀬）の斎宮で身を清めさせたとあり、同三年（六七四）に大来皇女が泊瀬の斎宮から伊勢神宮に移ったとある。天武が大来皇女を斎王として崇神の霊アマテルを三輪山から伊勢に遷したのは、壬申の乱におけるアマテルの加護を感謝するためであろう。

第4章　崇神王朝と倭の五王

1　倭の五王とはだれか

◇坂元義種の指摘

四世紀末から五世紀の初めにかけて高句麗・百済・新羅の朝鮮三国と倭国が、高句麗・新羅と倭国・百済の二つのグループに分かれて争っていたころ、中国北部は五胡十六国（匈奴・鮮卑・羯・氐・羌）に分かれ、中国南部は健康（南京）に都を置く東晋（三一七―四二〇）の支配下にあった。

高句麗の長寿王（在位四一三―四九一）は四一三年東晋に朝貢し、使持節・都督営州諸軍事征東将軍・高句麗王・楽浪公という地位に封ぜられた。百済も近肖古王（在位三四六―三七五）以来、東晋の冊封を受けていたが、四一六年に腆支王（在位四〇五―四二〇）が東晋から使持節・都督百済諸軍事・鎮東将軍・百済王に任じられた。

また倭国と東晋の関係については『晋書《しんじょ》』安帝紀義熙《ぎく》九年条に「是の年、高句麗、倭国及び西南夷の銅頭《どうとう》大師、並びに方物を献ず」とある。そして『梁書《りょうじょ》』倭伝（六三六年成立）には

「晋の安帝の時、倭王讃在り。使いを遣わして朝貢せしむ」とある。通説はこの二つの記事を結びつけて、晋の安帝（在位三九六―四一八）の義熙《ぎく》九年（四一三）に倭王讃が東晋に朝貢したとされている。しかし坂元義種（『百済史の研究』塙書房、一九七八年）は次のように指摘している。

東晋の義熙《ぎく》年間の起居注である『義熙起居注』に「倭国、貂皮《ひょうひ》・人参等を献ず」という記事があり、義熙九年（四一三）の倭国の朝貢の記事とみられているが、貂皮・人参は高句麗の産物であって倭国の特産物ではない。

また倭国が当時友好関係にあった百済とともに東晋に朝貢せず、敵対関係にあった高句麗と一緒に東晋に朝貢するのは不自然である。さらに四一三年に朝貢した高句麗王も四一六年に朝貢した百済王も官爵号を授与されているのに倭国だけ官爵号を授与されていない。

このことは四一三年（義熙九）東晋に入貢した倭国の使いは本来の倭国使ではなく、高句麗が倭国との戦闘で捕虜にした倭人に高句麗産の貂皮《ひょうひ》・人参を持たせたものにちがいない。

この坂元義種の指摘はきわめて合理的見解である。なぜなら崇神王朝の倭国が中国南朝の宋（四二〇―四七九）政権と最初に交渉をもったのは宋の永初二年（四二一）であるからだ。宋朝は東晋の将軍劉裕《りゅうゆう》が、東晋の恭帝の禅譲を受けて永初元年（四二〇）に樹立した王朝である。

◆四二一年倭讃、宋に朝貢

宋朝の武帝（劉裕）はこの年、高句麗の長寿王を大将軍に、百済の腆支王（余英）を鎮東大将軍に任じている。四八八年に成立した『宋書』倭国伝には武帝の永初二年（四二一）に倭讃が宋に朝貢し、武帝から叙授（任官）を賜ったと書かれている。倭讃は、他の国王が宋から授けられた称号からみて「安東将軍・倭国王」に任命されたのであろう。倭讃は東晋から宋に代わった機会をとらえて朝貢したものと思われる。

中国は四三九年華北を統一した北魏が宋と対立し、いわゆる南北朝時代（四三九―五八九）に入った。高句麗は宋の冊封体制を受けていたが、四三五年に北魏とも冊封体制を結んだ。百済も宋の冊封体制に入っていたが、四七二年北魏に使者を派遣して高句麗征伐を乞うている。倭国は北魏には一度も朝貢しなかったが、これは倭国と敵対関係にあった高句麗が倭国と北魏との交渉を妨げたためである。

四七二年の北魏の孝文帝に高句麗討伐を懇願した長文の上表文は蓋鹵王（在位四五五―四七五）一八年条に詳しく書かれている。しかしこの上表文は孝文帝に受け入れられず、四七五年百済は高句麗長寿王の侵略によって蓋鹵王は殺害され、南の熊津《ゆうしん》に都を移した（拙著『蘇我王朝の正体』参照）。

◇倭王武とは誰か

いわゆる倭の五王とは『宋書』など中国の史書に登場する讃《さん》・珍《ちん》・済《せい》・興《こう》・武《ぶ》の五人の倭王をいう。ちなみに「記紀」にはこの五人の名はいっさい登場しない。崇神・垂仁および応神の出自を知るためには、まず応神が倭の五王の誰であるかを比定しなければならない。

江戸時代以来、倭の五王を「記紀」の天皇に比定する試みが行われ、通説は讃が応神かまたは履中《りちゅう》、珍は反正《はんぜい》か仁徳、済は允恭《いんぎょう》、興は安《あん》康《こう》、武は雄略の各天皇という具合である。「倭の五王の遣使」を見てもわかるが、井上光貞（『日本の歴史1　神話から歴史へ』）は次のように述べている。

倭王武は四七八年、四七九年、五〇二年の三回にわたって南朝に朝貢したが、『日本書紀』による雄略天皇の在位年代は「四五八—四七九」であるから、年代的にだいたい一致する。また「武」という一

倭の五王の遣使

西暦	国名	記事と書名
421	宋	倭讃、朝貢し、除授を賜る。(『宋書』)
425	宋	讃、司馬曹達を遣わして貢献。(『宋書』)
430	宋	倭国王、遣使貢献。(『宋書』)
438	宋	珍、遣使貢献。自ら使持節・都督倭・百済・新羅・任那・秦韓・慕韓六国諸軍事・安東大将軍・倭国王と称する。宋の文帝、珍を安東将軍に任ずる。また、珍、倭隋ら13人に平西・征虜・冠軍・輔国の将軍号を求め、許される。(『宋書』)
443	宋	倭国王済、遣使貢献。安東将軍・倭国王に任ぜられる。(『宋書』)
451	宋	倭王済、使持節・都督倭・新羅・任那・加羅・秦韓・慕韓六国諸軍事を加えられ、軍号を安東大将軍に進められる。また、済の求めにより、23人に軍・郡が授けられる。(『宋書』)
460	宋	倭国、遣使貢献。(『宋書』)
462	宋	倭国王世子興、安東将軍・倭国王に任ぜられる。(『宋書』)
477	宋	倭国、遣使貢献。(『宋書』)
478	宋	倭国王武、遣使貢献して、上表する。武、使持節・都督倭・新羅・任那・加羅・秦韓・慕韓六国諸軍事・安東大将軍・倭王に任ぜられる。(『宋書』)
479	斉	倭王武、号を鎮東大将軍に進められる。(『南斉書』)
502	梁	倭王武、号を鎮東大将軍から征東将軍に進められる。(『梁書』)

字で名を表わしたのは、雄略天皇の名の大泊瀬幼《おおはつせわかたけ》の語幹にあたる武《たけ》をとって武王としたのであろう。

通説は井上光貞の倭王武＝雄略説が史実として定着している。すなわち倭王武の兄興を雄略の兄安康にあて、武と興の父済を雄略と安康の父允恭にあてている。珍＝反正説は反正の諱《いみな》

応神から継体までの系譜（『記紀に』による）

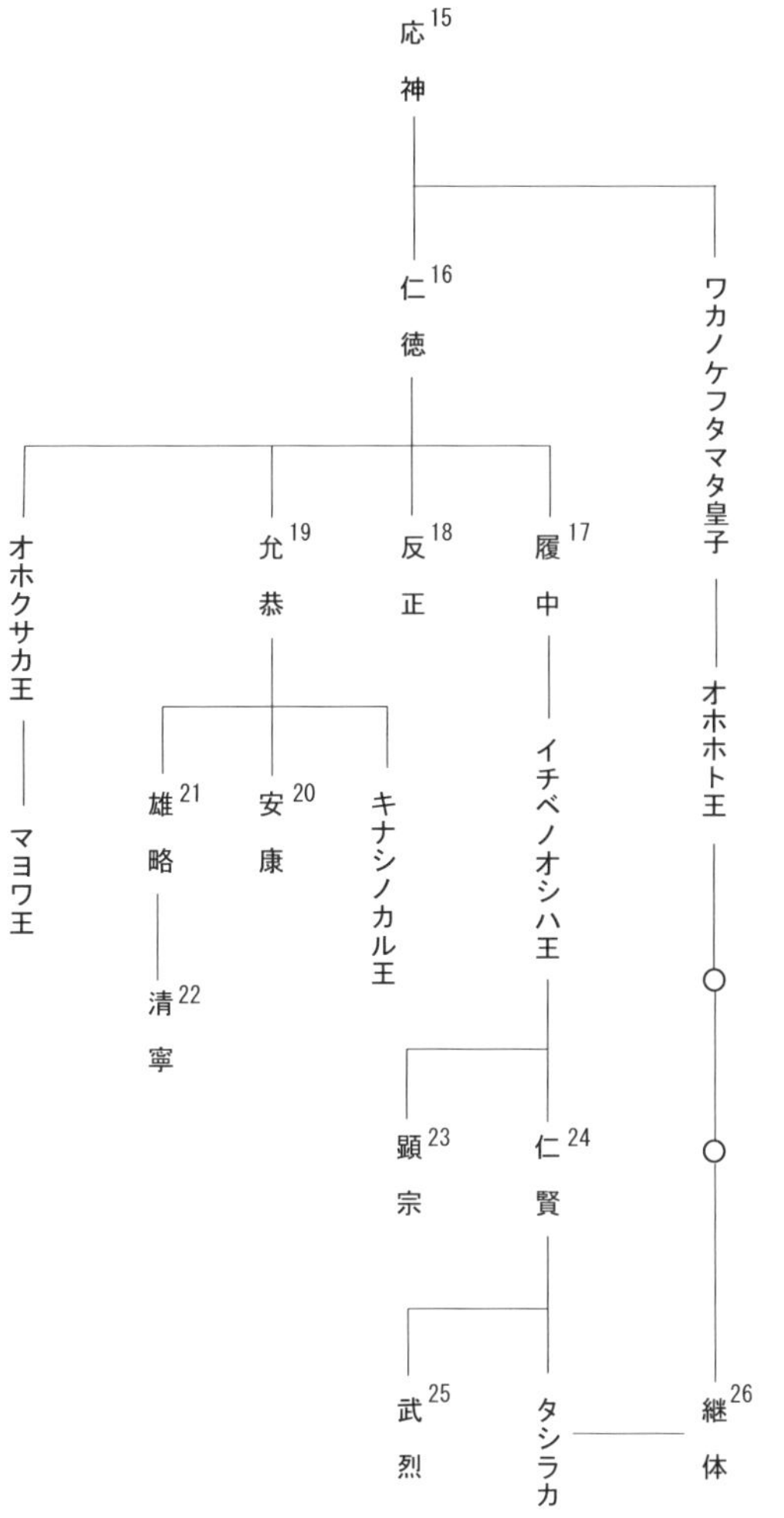

の多遅比瑞歯別《たじひのみずはわけ》の「瑞《みつ》」が「めでたい」という意味をもつので、この字を珍で表したとしている。

珍＝仁徳説は讃＝応神説とセットになっていて、『梁書』に済の父と書かれている弥《み》を珍と同一の人物であるとみて、珍は済＝允恭の父であるから仁徳にあたるとし、讃は珍の前王であるから応神にあてるとする。讃＝仁徳説は仁徳の諱《いみな》の大鷦鷯《おおさざき》の「さ」あるいは「ざ」が讃に通じるとし、讃＝履中説は讃が珍の兄であるので、反正＝珍とすれば反正の兄の履中が讃となる。

河内王朝論をとなえ、かつアジア史学会会長を務めた上田正昭（一九二七—二〇一六。京都大学名誉教授）も平成二一年（二〇〇九）一一月一五日のシンポジウム「百舌鳥古墳群・古市古墳群世界遺産登録をめざして」の基調講演で「倭の五王と巨大古墳」と題して次のように語っている。

> 珍はいったい誰か。珍は仁徳天皇、いや反正天皇、そうではなく履中天皇であるというように説が分かれております。さまざまな意見が現在も論争されておりますが、この珍というのは、その名がミズハワケという王と私は考えています。このミズは、瑞《みず》という漢字にもとづいていています。その意味は翻訳して珍という名前にかえたのだというように考えますと、珍は反正天皇ということになります。武というのは、名前をワカタケルと申しておりました雄略天皇のタケルという字、漢字で書きますと武という字になります。音訳の文字であると解釈いたしますと、武は雄略天皇です。

しかし倭の五王を「記紀」の天皇にあてはめることには無理がある。石渡信一郎は倭の五王を仁徳・履中・反正・允恭・雄略に比定する説はどれも成り立たないとして次のように述べている。

「記紀」の応神と継体の間の一〇人の天皇、仁徳・履中・反正・允恭・安康・雄略・清寧・顕宗・仁賢・武烈はすべて実在しない。そもそも倭の五王を仁徳・履中・反正・允恭・安康・雄略に比定する説は成り立たない。

というのは造営年代が五〇〇年代前後の誉田《ほむた》山古墳（伝応神陵）と六世紀第１四半期（五二五年前後）の大山古墳（伝仁徳陵）がごく接近していることからも、応神天皇（在位二七〇―三一〇）の次の天皇（大王）は継体天皇であり、「記紀」に応神の子と書かれている仁徳天皇（在位三一三―三九九）は、継体の分身として作られた架空の天皇であることがわかる。

◈九州王朝説の間違い

このような矛盾だらけの通説に対して奥野正男（一九三一―二〇二〇、考古学者。『騎馬民族と日本古代の謎』）は倭の五王の続柄から「讃・珍」系と「済・興・武」の二系があったとし、五世紀前半代の「讃・珍」系の勢力の本拠地は九州北部（肥前・筑前・筑後・豊前）にあったと主張し、古田武彦（一九二六―二〇一五、『邪馬台国はなかった』）は、九州王朝の王であると主張している。

しかし倭王讃が宋に朝貢したのは四二一年（永初二）であり、崇神王朝が支配する倭国の都は大和にあった。讃・珍が北部九州の王でなかったことは、宋から与えられた将軍号から知ることができる。『宋書』倭国伝によると元嘉《げんか》一五年（四三八）珍が安東将軍・倭国王に任じられたとき、同時に珍の部下の倭隋ら一三人も平西《へいぜい》・征虜《せいりょ》冠軍・輔国《ほこく》の将軍号を授けられている。「安東将軍」や「平西将軍」のように、東・西・南・北の方位が入っている、中国南朝の将軍号を検討した武田幸男（「平西将軍・倭隋の解釈」『朝鮮学報』七七）は、倭隋に授けられた「平西将軍」という称号について次のように指摘している。

倭王などの諸王に与えられた方位を含む将軍号は、南朝時代の首都健康（南京）を起点とする方位によって選ばれている。倭の五王の将軍号がすべて東方を指すのはそのためである。ところが、諸王の部下の将軍号の方位は、諸王の王都を起点として表記されている。

珍の部下に与えられた「平西将軍」の号が、倭王の将軍号と全く正反対の方位をしめしているのは、倭国の王都を起点として表記されたからである。したがって、倭国の王都を畿内としてはじめて「平西将軍」の意味が具体的に理解できるのであって、もし倭国の王都が北部九州とすれば、その西方とははたしてどの地方を指すことができようか。

武田幸男の指摘は奥野正男や古田武彦の主張する讃・珍の王都が北部九州にあったとする説の誤りを明らかにしている。宋の官制においては、平西将軍は安東将軍のすぐ下の地位であり、定員一人の官であるから珍の臣下として将軍号を与えられた一三人の中で一人だけ名が記されている倭隋が平西将軍に任ぜられたとみられる。

また『宋書』は讃を「倭讃」、済を「倭王済」と書いているので、「倭」は国王の姓とされているが、倭隋は国王と同じ「倭」を名乗っていることから王族とみなされている。珍の王都を大和とすれば、崇神王家の一族である平西将軍倭隋が担当した地方は、大和からみて西方にあり、加羅地域と最も近く、軍事的にも重要な位置を占める九州地方と見るのが自然である。

2　倭の五王の系譜

◆隠された倭の五王

考古学的にも讃・珍の王都が北部九州にあったとは考えられない。讃・珍の時代は川西宏幸の円筒埴輪編年の実年代Ⅱ期（四一〇—四二五）の期間に入るが、当時王都があった大和には行燈山《あんどん》古墳（墳丘長二七〇メートル）・渋谷向山古墳（墳丘長三〇二メートル）・五社神《ごさし》古墳（墳丘長二七六メートル）などの巨大前方後円墳がある。

倭の五王「讃・珍・済・興・武」は崇神+垂仁を始祖王とする加羅系渡来集団の王たちであ

る。ところが、『日本書紀』は倭の五王について何も書いていない。『日本書紀』が倭の五王が宋に朝貢したことを隠しているのは、五世紀における王朝の交替という重大な史実を隠しているからである。

なぜなら『日本書紀』は神功皇后を邪馬台国の卑弥呼に擬するために『魏志』倭人伝を引用して、神功が魏・晋に朝貢したかのように見せかけている。『日本書紀』編纂者はそのため崇神の在位年代を紀元前一世紀に繰り上げ、崇神王朝の系譜を書き換えたのである。もちろん崇神の本名倭王「旨」（＝首露王）を隠したのはいうまでもない。ちなみに奈良県天理市の石上《いそのかみ》神宮の七枝刀の銘文の「倭王旨」は崇神天皇の別名である。

石渡信一郎は、崇神は『三国史記』新羅本紀第四代脱解尼師今《だっかいにしきん》（在位五七——五八〇）、「三国遺事」巻一、第四脱解王条の冒頭に書かれている首露王と同一人物としている。石渡信一郎によれば崇神（七支刀銘文の旨・首露）の在位年代は「三四二（壬寅年）」——三七九（己卯年）」である。

なぜなら『三国史紀』新羅本紀第五代波婆娑尼師今二三年（一〇二。壬寅年）条に金官国（駕洛国）の首露王が登場するが、崇神（旨・首露）元年（三四二。壬寅年）を干支四運（二四〇年）繰り上げて記録しているからである。

すると崇神（旨・首露）の父は馬韓に本拠を置いていた夫余系の辰王家出身で分家の首長とみることができる。馬韓の辰王は三一四年中国の西晋が置いていた帯方郡を滅ぼした後、百済を建国した。

『晋書』巻一〇九、慕容皝（前燕の文明帝）歳記、前燕（三三六—三七〇）八年（三四二）条に「高句麗、百済及宇分、段部之人」とあり、『三国史記』百済本紀には紀元前一八年（癸酉年）に始祖温祚王が百済を建国したとあるが、紀元前一九年が壬寅年である。

そこで『三国史記』百済本紀は三四二年（壬寅年）の百済建国を三五九年（干支六運三六〇—一年）繰り上げて記録しているとみてよい。つまり三四二年（壬寅年）に本家の辰王は百済を、そして分家の加羅系渡来集団の首長崇神（旨・首露・脱解）は百済系倭国＝大加羅を建国したと考えられる。

◆加羅系渡来集団の始祖王崇神＝旨

朝鮮半島では三一三年楽浪郡（漢朝が設置した植民地）が高句麗に滅ぼされ、帯方郡が三一四年高句麗・馬韓（百済）・辰韓（新羅）に滅ぼされた。『魏志』韓伝には「辰王は常に馬韓人を用《もっ》てこれを作し、世々相継ぐ」とあることから辰王は北方騎馬民族の夫余《ふよ》族と考えられる（江上波夫説）。

四世紀中ごろ百済と新羅が国家として形成され、加羅地方では三二〇年ごろ狗邪《くや》韓国を宗主国とする加羅（伽耶）連合政権が成立する。そして狗邪韓国の軍勢（加羅系渡来集団）は三二〇年代の後半北部九州に侵入し、卑弥呼の邪馬台国を滅ぼし、やがて瀬戸内海を東進して三三〇年ごろ吉備地方（現岡山県）に本拠を置いて近畿・中部地方を征服する。

先述したように三四二年加羅系渡来集団の首長崇神（七支刀銘文の「旨」、『三国遺事』加洛国記の「首露王」）は、奈良盆地東南部の纏向《まきむく》を王都とする加羅系倭国（大加羅）を建設し、その初代王（「記紀」の崇神天皇）となった。

その支配領域は南の沖縄諸島から北の東北地方南半部まで至る。加羅系崇神王朝（崇神・垂仁＋倭の五王「讃・珍・済・興・武」）は、倭王武（昆支）が四九一年百済系ヤマト王朝を建設するまで存続することになる。ちなみに『日本書紀』神功紀四九年（二四九＝己巳）三月条に「百済の近肖古王と王子貴須が兵を率いて一緒になり、相見て喜んだ」と書かれているが、『日本書紀』編纂者は泰和四年（三六九＝己巳）の史実を卑弥呼の時代に見せかけるために干支二運（一二〇年）繰り上げている。

◇七支刀銘文の旨＝崇神

近肖古王（在位三四六―七五）当時、加羅系倭国の王崇神（旨）は高句麗の侵攻を恐れていたので百済と軍事同盟を結んで高句麗に対抗した。七支刀は泰和四年（三六九）軍事同盟の締結を記念して倭王旨（崇神、首露）に贈るために百済の太子貴須が作ったものである。

『三国史記』百済本記によれば近肖古王は三七一年に太子貴須とともに高句麗に侵攻し、高句麗王を戦死させた、後、王都を漢山に移して三七二年東晋（三一七―四二〇）に朝貢している。『晋書』本紀には「三七二年に百済が朝貢したので、東晋は「百済王余句（近肖古王）を鎮東将軍・領楽浪太守とした」と書かれている。

また『日本書紀』神功紀摂政五二年（二五二＝壬申）九月条に「百済の使者久氐《くてい》等、千熊長彦に従い、七枝刀一口《ひとつ》・七子鏡一面と種々の重宝を献ず」とあるが、この二五二年（壬申年）を干支二運（一二〇年）繰り下げると三七二年（壬申）になるので、三七二年倭王旨は崇神であることがわかる。

『日本書紀』崇神一二年九月条には崇神天皇が「御肇国天皇《はつくにしらすすめらみこと》」、『古事記』には「初国《はつくに》知らし御真木天皇《みまきのすめらみこと》」と書かれていることから崇神（旨）は日本国の実際の始祖王とみることができる。崇神は三八〇年前後箸墓古墳に埋葬された。

〈筆者注〉七支刀は全長七四センチ、左右交互に各三本の分枝をもつ特異な形をしている。この奇妙な形をした剣には漢字が表に三四字、裏に二七字刻まれているが、次のように読解されている。「泰和四年（三六九年）五月一六日丙午の日の正午に、百度も鍛えた鋉の七支刀を造りました。この刀によって、あらゆる種類の兵器による被害を避けることがでしょう。この刀は、うやうやしい侯王にふさわしいものです」

『宋書』倭国伝には昇明二年（四七八）五月倭国王武が遣使して上表文を出したと書かれており、『梁書』倭伝には天監元年（五〇二）四月鎮東大将軍倭王武を征東将軍に進められたと

書かれているので、倭武が四七八年から五〇二年ごろまで倭国王であったことがわかる。

倭王武＝雄略説を唱える藤間生大（『倭の五王』）は、『梁書』に武が征東将軍に進んだと書かれているのは、梁の武帝（在位五〇二―五四九）が総花的に行った任官の一つであり、武の預り知らない所でなされた任官とみている。しかしこの説は雄略の在位年代（四五六―四七九）と武の誤差を修正するために考えだしたものである。

3　崇神から継体天皇まで

井上光貞（『日本国家の起源』・『日本の歴史①神話から歴史へ』）は、『古事記』の景行天皇から仁徳までの系図Aを検討したうえで応神を入り婿であったとし、次のように指摘している。

> 成務・仲哀の二代は実在したとは考えられない。その理由の第一は、この二代の名である。成務は若帯日子《わかたらしひこ》（『日本書紀』は稚足彦）、仲哀は帯中日子《たらしなかつひこ》（『日本書紀』は足仲彦）、仲哀の后の神功皇后は息長帯比売《おきながたらしひめ》（『日本書紀』は気長足姫）といったが、ここに共通の「タラシヒコ・タラシヒメ」は後世風の名である。『隋書』には天皇をタラシと

系図Ａ

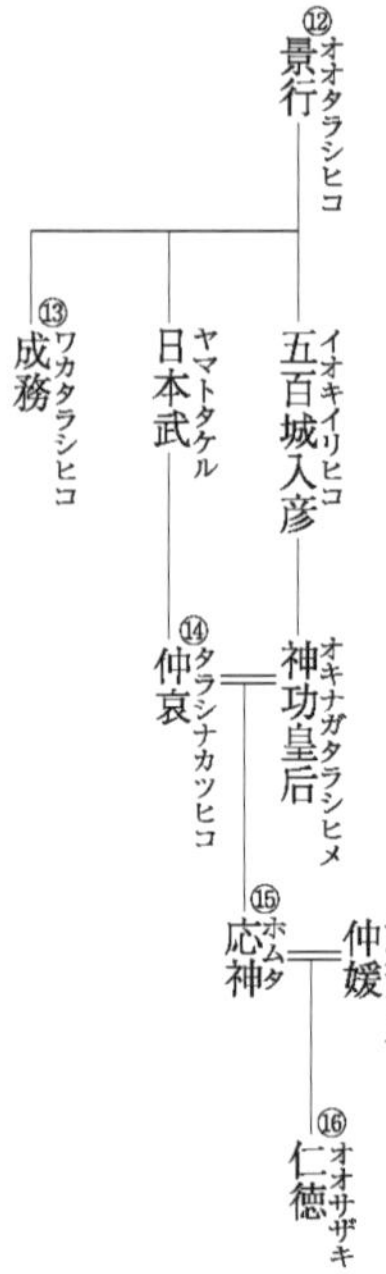

呼ぶと記しているが、『隋書』は七世紀初頭（推古天皇の時代）のことを伝えた本であるから、このころの天皇をタラシヒコと呼ぶならわしがあったと考えられる。

　推古天皇の次の舒明天皇はオキナガタラシヒコヒロヌカ（『日本書紀』は息長足日広額）、夫の舒明のあと継いだ皇極天皇はアメトヨタカライカシヒタラシヒメ（『日本書紀』は天豊財重日足姫）といったが、推古天皇以前には長くこの種の称号が伝わっていないことを合わせ考えると、成務・仲哀・神功皇后の名は七世紀以後に作られたことがわかる。

　しかもこの三人の名からタラシヒコ・タラシヒメという部分を除くと、あとはワカ・ナカツだけで実名らしきものは何も残らない。成務の事績についていえば、国造《くにのみやつこ》・県主《あがたぬし》などの地方長官を置いただけである。

　次の仲哀も事績のない天皇であるが、仲哀の父は神話上のヤマトタケル（日本武尊）であり、后は同じく神話上の人物である神功皇后である。実在しない父と妻を持つ人が、実在しうるわけがない。

『古事記』によれば景行天皇には八〇人の子がいたが、そのうちワカタラシヒコ（成務）、ヤマトタケルおよびイホキイリヒコの三人は太子となり、他の七七人の子はことごとく国々の国造・和気《わけ》・稲置《いなぎ》・県主となっている。『日本書紀』もこの三人を除いて、他の子はみな諸国に派遣されたと書いている。

　しかも太子が同じ時期に三人もいるというのはおかしい。景行の本当の後継者はイホキイリヒコ（五百木之入彦、『日本書紀』は五百城入彦）であったのが、神話上の人物である倭建《やまとたける》

系図Ｂ

（『日本書紀』は日本武《やまとたける》）や景行天皇の分身で実在しない成務が景行の子として位置づけられている。これはイホキイリヒコとならんで、景行の三人の太子とされたのであろう。

系図Ａから実在しないヤマトタケル・成務・仲哀・神功皇后を除き去ると、この系図は成立しない。いっぽう『古事記』によれば、応神はホムダマワカ（品陀真若）の女のナカツヒメ（中日売女）を娶って仁徳を生んだとし、その箇所の分注にはホムダマワカの父はイホキイリヒコと書いている。

すると系図Ｂがもとの形であって、系図Ａはヤマトタケルや神功皇后の物語が後から割り込んできたため、書き改められたものになる。応神は崇神から始まる皇統の直系ではなく、景行からイホキイリヒコを経てホムダマワカに至る系統に入り婿したのである。改作された系図Ａで景行の男系の子孫とされたである。

◆架空の天皇景行

以上の井上光貞の指摘はまさに画期的であった。なぜなら応神は崇神王朝の入り婿となり、倭王武として即位して百済系の新王朝を起こしたとみることができるからである。しかし井上光貞が景行天皇を実在したとするところに問題がある。

というのは第一五代景行天皇（在位七一—一三〇）の和風諡号は大足彦忍別《おおたらしひこおしろわけ》であり、「タラシとワケ」という後世風の称号がついている。であれば崇神王朝の皇子や皇女の「イリ・キ」という特徴ある称号がないので、景行もまた架空の天皇の疑いがある。

架空の天皇景行が割り込んだため消されたのは垂仁＝活目入彦五十狭茅《いくめいりひこいさち》の子のイニシキイリヒコ（五十瓊敷入彦）である。「記紀」によればイニシキイリヒコの母は垂仁の大后ヒバスヒメ（『古事記』は比婆須比売、『日本書紀』は日葉酢媛）であり、イニシキイリヒコは景行の兄である。

イニシキイリヒコは『日本書紀』「垂仁紀」に剣一〇〇〇口《ふり》作って石上神宮の収め、神宝共にこれを管理したと書かれている。イニシキイリヒコは崇神や垂仁と同じ「イリ」の称号を持ち、かつ大量の武器や神宝を管理するという大きな権力をもっている。垂仁のあとに即位したのはイニシキイリヒコと考えざるをえない。系図Ｃは大谷英二（「イリ系系譜の復元に関する一試論」『史正』三号）が、「記紀」の天皇に固有な記述形式と文字を抽出することによって復元したものである。

❖珍と済の続き柄

倭王武は宋朝に出した上表文の中で「臣が亡考済」（私の亡き父済）と書いているが、武＝応神であり、応神は入婿であるから武が義理の父済を「亡考」と書いたことがわかる。

系図からみて済は応神の義父品陀真若ということになる。武の兄興は『古事記』が隠しているので系図Cには出ていない。系図Cから判断すると、倭王済は応神の義父ホムダマワカということになる。

しかし『宋書』にみる続き柄によれば倭王珍をイホキイリヒコにあてることはできない。イホキイリヒコとホムダマワカは父子の関係にあるが、倭の五王の系図Dによれば『宋書』では珍と済の続き柄が書かれていない。いっぽう『梁書』は珍を弥《み》と書き済を珍の子としている。したがって『梁書』の記事によって、珍と済を父子とみる説がある。しかし『宋書』の成立した年は四八八年、『梁書』の成立年は六三三年であり、『梁書』の中で『後漢書』・『宋書』に寄った部分は二次史料で価値がないとされている。

系図C

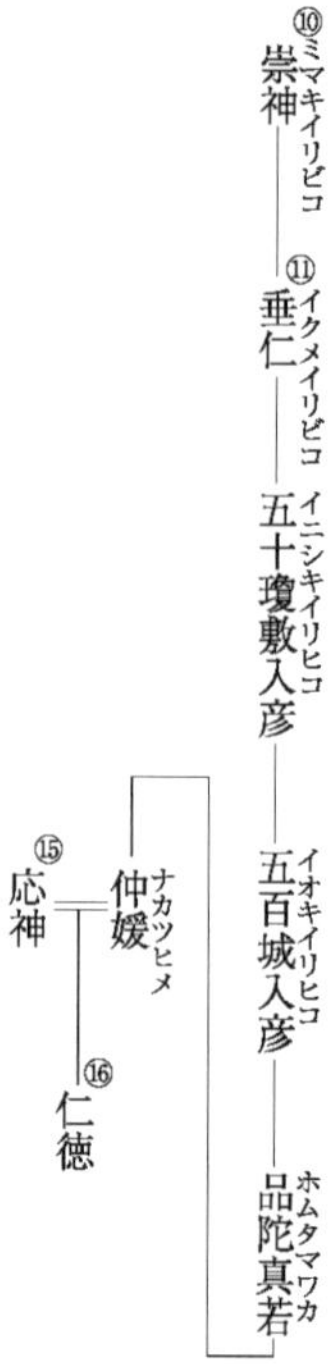

系図D

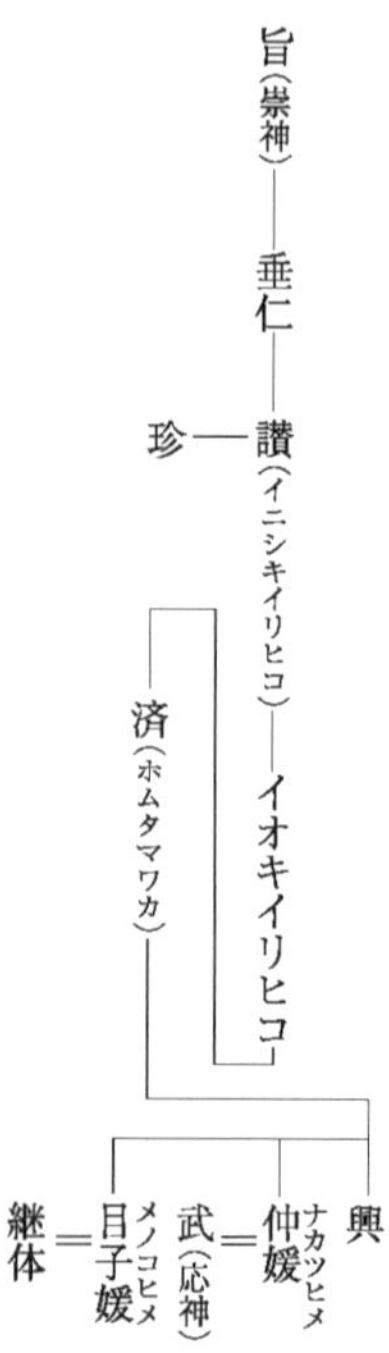

また関和彦（『宋書』倭国伝の再検討）『東アジアの古代文化』三二号）よると、『宋書』は各国の歴代の王について記録する場合、続き柄を書くことを原則としており、前王との続き柄を示す語として「子」・「弟」・「孫」などが使用されており、「叔父」なども散見しているという。そこで

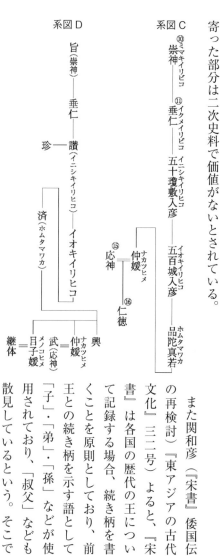

『宋書』に珍と讃の続き柄が記載されていないことは、済が珍の子・兄弟・孫・甥ではなかったことを示しているとみてよい。したがって珍を済＝品陀真若の父の五百城入彦に比定することはできない。

このようなことから石渡信一郎は倭王武からさかのぼって比定することをやめ、讃をイニシキイリヒコと比定した。イニシキイリヒコ＝讃は崇神の孫にあたり、四二〇年ごろには即位していたと想定できるからである。しかもイニシキイリヒコと四二一年に宋に朝貢した倭王讃の在位年代が一致する。

そして『宋書』には讃の死後、弟の珍が倭王となったと書かれているので、「記紀」にはイニシキイリヒコの弟と書かれている稚城瓊入彦《わかきにいりひこ》（珍）は、垂仁の大后日葉酢姫が生んだ皇子で、称号に「キ・イリ」があるから、兄弟相承制が残っていた当

系図E：崇神王朝と応神・継体の関係図

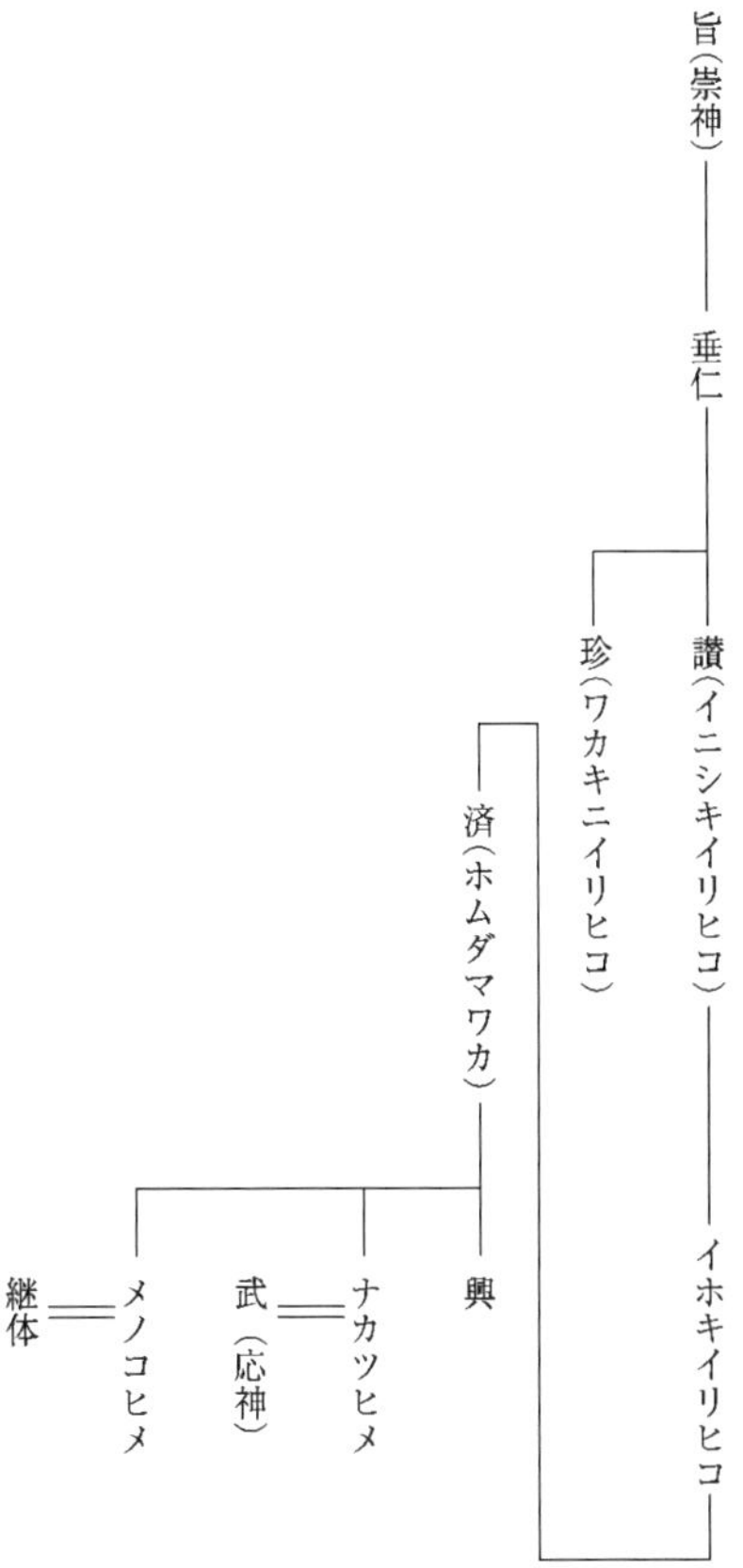

時、イニシキイリヒコの後継者として即位したとみてよい。

『宋書』が珍と済の続き柄を記載しなかったのは、済＝品陀真若が珍＝稚城瓊入彦の甥五百城入彦の子であって、済が珍からみてかなり遠い関係にあったからであろう。済＝品陀真若の父五百城入彦は珍＝稚城瓊入彦の太子の位置にいたが、何らかの事情で即位できなかったのであろう。イホキイリヒコ（五百城入彦）の子の済＝品陀真若は珍の死後倭国王となったと推測できる。こうして完成したのが石渡信一郎による系図E（前頁）と一四五頁の「倭の五王と倭武（昆支）との関係図」である。

◆不可思議な天皇継体の即位

『日本書紀』巻第一七継体天皇即位前紀によると「男大迹《おおど》王は誉田《ホムタ》天皇（応神天皇）の五世孫で、彦主人《ひこうしおう》王の子である。男大迹《おおど》王は母振姫の郷里越前の高向から迎えられて仁賢天皇の娘手白香《たしらか》皇女を后としたが即位するまで二〇年の歳月を要した」という。『古事記』にも応神天皇五世の孫である継体が、武烈の死後、後継者がいないため近江から上京して仁賢の娘手白香を娶って即位したと書かれている。

しかしすでに述べたように継体は応神の死後すぐ即位しているので「記紀」は何か重大なことを隠している。なぜなら仁賢は不在天皇一〇人の一人であるから仁賢の子の武烈と手白香姫も実在の人物ではありえない。井上光貞は継体が前王朝の女性手白香を娶ることで王位についたとして、継体を新王朝の始祖としている。しかし継体が手白香を娶って王位についたという

『古事記』の伝承は、継体が兄の応神と同じように崇神王朝の入婿であった史実を反映している。

継体の本当の后は「記紀」が安閑・宣化両天皇の母としている目子媛《めのこひめ》である。目子媛は『日本書紀』に「尾張連草香《おわりむらじくさか》の女」、『古事記』に「尾張連の祖、凡連《おおしむらじ》の妹」と書かれているように、尾張連氏の女性である。

尾張連氏は邇芸速日《にぎはやい》を祖としているが、神武東征説話では邇芸速日は神武より先に天から降りて大和にいた天孫とされており、『旧事本紀』には天照国照彦日明櫛玉饒速日尊と書かれている。「饒速日《にぎはやひ》はその名が示すように、日の神であり、始祖神である。したがって饒速日を祖とする尾張氏は崇神の後裔ということになる。

「記紀」が尾張氏の女性目子媛を安閑・宣化の母としていること、尾張連氏が崇神の後裔であること、継体が崇神の入婿であったことなど合わせると、尾張連が崇神王家の宗家であったと考えられる。

『古事記』応神条に「品陀真若の三人の娘高木之入日売《たかぎいりひめ》・中津売《なかつひめ》・弟日売《おとひめ》を娶った」と書かれており、分注に品陀真若については五百木之入日子が尾張連の祖建伊那陀《たけいなだ》宿祢の女を娶って生んだ子であると書かれている。

すると中日売たち三人は尾張連の祖建伊那陀の曾孫ということになり、応神がこの三人の女を娶り、中日売が仁徳を生んだとされているのも、尾張連氏が崇神王家の宗家であったとすれば理解できる。品陀真若という名は『古事記』が応神の名の品陀和気《ほむたわけ》から作り出した架空の名である。

4　巨大古墳「大王墓」の移動

◇応神陵の出現まで

「記紀」によると崇神を始祖王とする加羅系の「大王墓」は奈良盆地東南部の磯城《しき》（桜井市・天理市の一部）→奈良県北部（奈良市北部）の曾布《そふ》→河内南部に位置する大和川と石川の合流地の古市《ふるいち》（羽曳野）へと移動している。白石太一郎（『百舌鳥・古市古墳群出現前夜』二〇一三）も「大王墓」と考えられる巨大古墳の所在地が磯城→曾布→河内南部と移動していると指摘している。

『日本書紀』には崇神が山辺道上陵《やまのへのみちのみささぎ》、垂仁は菅原伏見陵《すがわらのふしみのみささぎ》、景行は山辺道上陵と書かれている。『古事記』は崇神・垂仁・景行はそれぞれ山辺道勾之岡上《やまべのみちのまがりのおかうえ》、菅原御立野中《すがわらのみたちのなか》、山上道上《やまうえのみちゆき》と記している。

宮内庁はこれらの「記紀」にもとづいて、天理市柳本の行燈山古墳を「崇神陵」、奈良市尼辻町の宝来山古墳（墳丘長二二六メートル）を「垂仁陵」、天理市渋谷町の渋谷向山古墳を「景行陵」としている。「邪馬台国時代の墳墓」とされている奈良県桜井市の纒向のホケノ山古墳（墳丘長二八〇メートル）から「石囲いの木槨」と呼ばれる特異な埋葬施設が見つかっているが、白石太一郎はホケノ山古墳の年代を三世紀中ごろと見なし、纒向遺跡を邪馬台国の王都としている（『古墳の語る古代史』）。

倭の五王と倭武（昆支）との関係図

（『蘇我王朝の正体』より。一部改変）

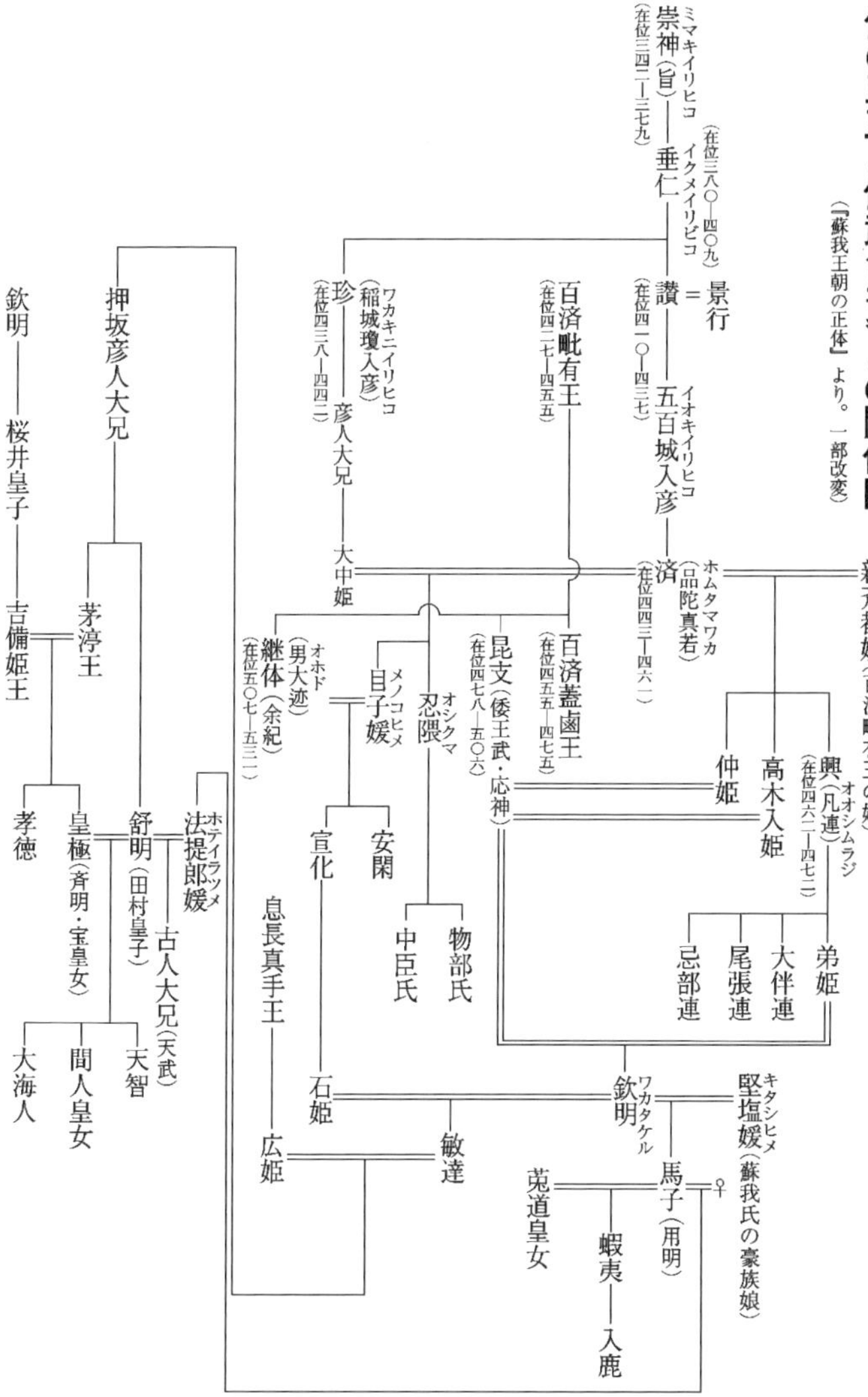

しかしホケノ山古墳からは中国製の画文帯神獣鏡一面ほか内行花文鏡、半肉彫表現の鏡の破片若干、素環頭太刀一口を含む鉄製刀剣類一〇口前後、銅鏃六〇本以上、鉄鏃六〇本以上、鉄製農工具など数多くの副葬品が出土している。また行燈山古墳の西下方に立地する天理市柳本本町の黒塚古墳（墳丘長一三〇メートル）から木棺を取り囲むように三三枚の三角縁神獣鏡と鉄製武器類とも出土している。

石渡信一郎は年代・規模・立地条件からみて、『日本書紀』にヤマトトトビモモソヒメ（倭迹迹日百襲姫）の墓とされている箸墓古墳を崇神（旨）の墓と推定している。そして垂仁の墓は「記紀」のいう宝（蓬）来山古墳（墳丘長二二七メートル。奈良市尼ヶ辻町字西池）ではないとしている。墳墓は被葬者が生前住んでいた地か、その近くに造営されるのが普通であるからだ。「記紀」によると垂仁は磯城（纒向）に宮を置いているので、垂仁の墓は磯城の地に造営されたと考えるのが合理的である。また宝来山古墳は川西宏幸の円筒埴輪編年ではⅡ期（実年代は四一〇年から四五〇年）に属している。したがって造営年代はⅡ期の後半と推定されるので、同古墳の年代は五世紀後半とみられる垂仁の墓にしては新しすぎる。

垂仁の墓は「崇神陵」とされている行燈《あんどん》山古墳か、「景行陵」とされている渋谷山古墳かのいずれかである。なぜならこの二つの古墳は、崇神王朝の王都纒向の近くにあり、年代と規模から箸墓古墳につづく「大王墓」と見られているからである。

ちなみに石渡信一郎は『百済から渡来した応神天皇』（二〇〇一年）では垂仁の墓を行燈山としたが、『新訂・倭の五王の秘密』（二〇一六年）では渋谷山古墳（伝景行陵、天理市渋谷。

墳丘長三〇二メートル）として次のように述べている。

渋谷山古墳は珠城山《たまきやま》古墳群（桜井市穴師）のすぐ北、車谷と行燈山古墳の間にあり、後円部直径一六〇メートルは箸墓古墳と同じである。私は従来行燈山古墳→渋谷山古墳の順で造営されたとする説に従っていたが、崇神（旨・首・脱解）の陵墓に近い箸墓古墳に近い渋谷山古墳が垂仁の墓とするのが妥当だと考えた。

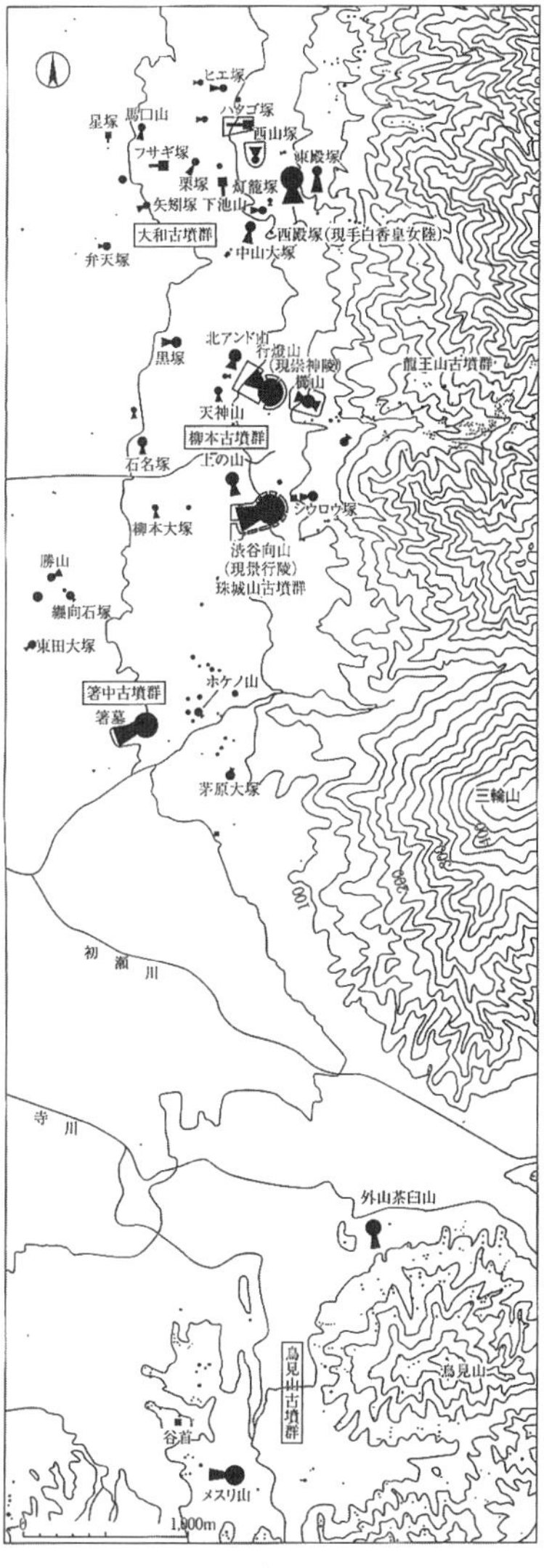

奈良盆地東南部における大型古墳の分布

渋谷山古墳の次の「大王墓」は大和北部の佐紀古墳群の五社神《ごさし》古墳（墳丘長二七六メートル）は

「神功皇后陵」とされているが、『日本書紀』が狭城盾列陵《さきのたたなみのみささぎ》、『古事記』が狭城楯列陵《さきたたなみのみささぎ》と書いている。

ところが珍の代わりに登場した架空の天皇成務の墓についても『日本書紀』は狭城盾列陵、『古事記』は「御陵は沙紀之多他那美《さきのたたなみ》」と書いている。そして宮内庁は五社神古墳のすぐ南にある佐紀石塚山古墳（奈良市山陵町。墳丘長二一八（メートル））を「成務陵」としているが、古くは「成務陵」は五社神古墳であった。

『続日本後紀』仁明《にんみょう》天皇（在位八一〇―八五〇）承和一〇年（八四三）四月一日と二一日条に次のようなことが書かれている。

〈四月一日〉楯別山陵（神功皇后）の陵守《みささぎもり》が次のように言上した。先月一八日の午前八時頃、山陵が二度鳴り出しました。雷鳴のように響き、それとともに赤色の気体状のものが飄風《つむじかぜ》のように南を指して飛んでいきました。午後四時頃再度音がし、気体状のものが西を指して飛んでいきました。参議正躬《まさみ》王を遣わして調べてみると、山陵の木七七本と無数の若枝等が伐られていた。そこで陵守長の百済春継を処罰し、天皇に上奏した。

〈四月二一日〉参議従四位藤原朝臣助《たすく》・掃部頭《かもんのかみ》従五位坂上大宿祢正野《まさの》らを遣わして、楯列北・南二山陵に奉謝《ほうしゃ》した。去る三月一八日に異変が発生したことで図録を調査したところ、楯列山陵は二つあり、北側が神功皇后陵、南側が成務天皇陵であることが判明した。世間では南陵を神功皇后陵としているが、これは偏《ひと》えに口伝《くでん》によるものである。神功皇后の祟りがあるごとに、いたずらに成務天皇陵に謝していたことになる。先年、神功皇后の祟りにより、製作した弓・剣《つるぎ》を誤って成務天皇陵に奉進したが、本日、改めて神功皇后陵に奉納した。

これによると仁明天皇の八四三年（承和一〇）までは北の山陵（五社神古墳）は成務陵とされていたことになる。しかし神功は架空の人物であるから、朝廷が調べたという古い図録も当てにならない。「記紀」は倭王珍の墓である五社神古墳が狭城（佐紀）にあることから架空の天皇成務の墓の所在をサキノタタナミミササギ（狭城楯列陵）としたのであろう。

第5章　応神と継体は兄弟

1　古市古墳群と百舌鳥古墳群

◆石川と大和川の合流地域

巨大古墳の「大王墓」は五社神《ごさし》古墳（珍の墓）を最後に大和川と石川が合流する河内南部の古市古墳群に移動する。古市古墳群の仲ツ山古墳（墳丘長二九〇メートル。大阪府藤井寺市沢田）は第一五代応神天皇の后仲津媛とされているが、古墳の年代からみて被葬者は珍の死後倭国王となった済（ホンダマワカ）の墓と考えられる。仲ツ山古墳は円筒埴輪の編年でⅢ期前半とされ、実年代では四六〇年代前半に比定されるからである。

仲ツ山古墳以後の「大王墓」の編年は石津丘（伝履中陵）→誉田山古墳（伝応神陵）→大山古墳（伝仁徳陵。実は継体陵）とされている。「履中陵」とされている百舌鳥古墳群が集中する大阪府堺市の石津丘古墳（墳丘長三六四メートル）はⅢ期末の古墳で、実年代は四八〇年代後半ごろとみられ、墳丘の規模では大山古墳・誉田山古墳に次ぐ巨大古墳である。

考古学者の間では石津丘古墳の被葬者は履中天皇説と仁徳天皇説が出ているが、履中も仁徳も「不在天皇」一〇人の中に入っているので、これらの説は成立しない。仲ツ山古墳（済）↓石津丘古墳の「大王墓」編年から、石津丘古墳（伝履中）は『宋書』に済の世子と書かれている倭王興とみることができる。

『宋書』によれば興の弟の武が「安東大将軍・倭王」に任じられたのは四七八年であるから、興が亡くなったのは四七七年か四七八年と考えられる。そこで興の墓を生前の築造される寿墓《じゅぼ》とみて工期一〇年前後の完成は四八〇年代と考えられ、石津丘古墳（伝履中陵）の年代と一致する。

このように渋谷山古墳・行燈山古墳・五社神古墳・

古墳時代開始期の実年代（石渡信一郎案）

時代	時期 近畿	時期 九州	西暦 A.D.	近畿土器編年	円筒埴輪 川西編年	遺跡・古墳その他
弥生時代	中期	中期	200	Ⅳ期		
		後期				240年、魏が卑弥呼に「銅鏡百枚」贈与。福岡・須玖岡本D地点甕棺墓　このころ、大阪・瓜生堂遺跡の集落が水没。
			250			
	後期			Ⅴ期		佐賀・桜馬場遺跡
			300			
古墳時代	前期			庄内0式		岡山・楯築古墳
			350	庄内1式		奈良・纒向遺跡
				庄内2式		
				庄内3式		奈良・ホケノ山古墳　奈良・石塚古墳
				布留0式		
						奈良・箸墓古墳
			400		Ⅰ期	奈良・西殿塚古墳
				布留1式		奈良・茶臼山古墳
					Ⅱ期	奈良・行燈山古墳（伝崇神陵）
				布留2式		奈良・渋谷向山古墳（伝景行陵）
						奈良・五社神古墳（伝神功皇后陵）
			450			大阪・津堂城山古墳　福岡・老司古墳
	中期			布留3式	Ⅲ期	大阪・中津山古墳（伝中津姫陵）
						大阪・石津丘古墳（伝履中陵）
			500	TK－73	Ⅳ期	大阪・誉田山古墳（応神陵）

※　庄内式・布留式の編年は、寺沢薫案（『王権誕生』）による。ただし、TK－73型式と併行する布留4式は割愛した。

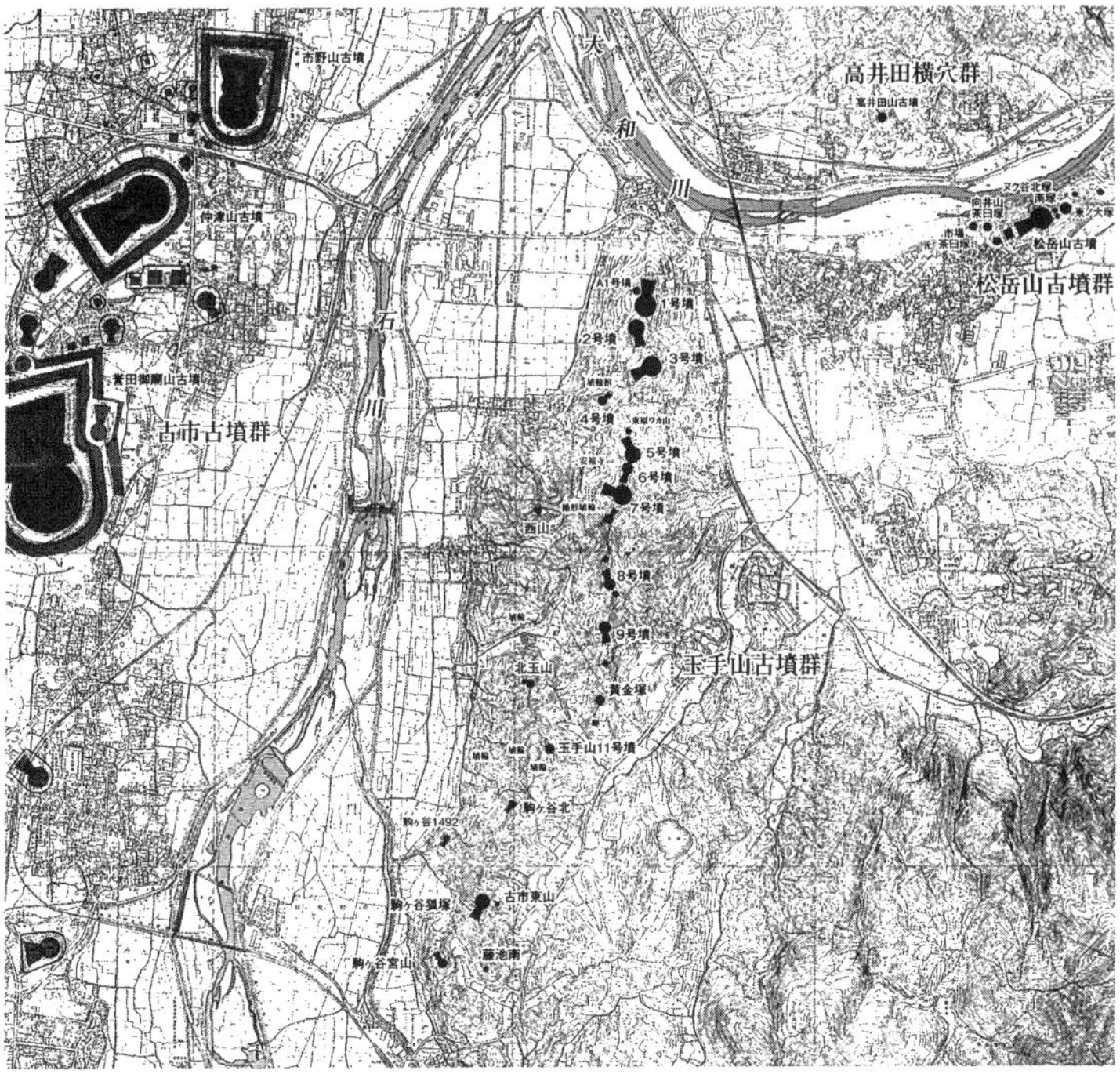

『百舌鳥・古市古墳群出現前夜』より

仲ツ山古墳・石津丘古墳は、垂仁・讃・珍・済（ホムダマワカ）・興の墓に比定されたが、珍の墓だけが奈良盆地北部の曾布に造営されたのは、讃の時代に王弟としてこの地に本拠を置いていたからであろう。

済の墓が大和川と石川の合流する地域の河内南部あるのは、済（ホムダマワカ）の父イホキイリヒコ（五百城入彦、即位せず）以来河内南部を本拠としていたからと考えられる。古市古墳群の中の最古の古墳は、円筒埴輪編年Ⅱ期に属する津堂城山古墳（墳丘長二〇八メートル）であるが、同古墳の被葬者はイホキイリヒコの可能性が高い。興の墓が和泉北部に造営されたのは興の時代に泉和北部が倭王家の直接支配下にあったからある。

済の入婿となった倭王武（応神）は、義父済の墓がある河内南部に、継体は義兄興の墓がある和泉北部にそれぞれ自分の寿墓を造営したと考えられる。

ところでこれまで加羅系渡来集団の王、すなわち崇神・垂仁＋倭の五王「讃・珍・済・興・武」についてその系譜と出自、ならびに彼らの墳墓について述べてきたが、肝心の倭の五王の最後の王倭武についてもっと詳しく述べなければならない。次項では倭王武（応神、昆支）について検証することにするが、その前に倭王武と加羅系の崇神・垂仁・讃・珍・済・興の支配領域について述べておきたい。

◇加羅系渡来集団の支配領域

『宋書』によると倭の五王「讃・珍・済・興・武」の最後の倭王武は、自《みずか》らは「使持節・都督倭・百済・新羅・任那・加羅・秦韓・慕韓七国諸軍事・安東大将軍・倭国王」を自称している。坂本義種によれば「使持節」も「都督府」も官号であり、中国の政権から支配を委託された地域の軍事的支配権を持つ重要な称号を示している。

たとえば百済腆支王（余映。在位四〇五―四二〇）が東晋の安帝から四一六年認められた称号「使持節・都督百済諸軍事・鎮東大将軍・百済王」の「使持節・都督百済諸軍事」は百済の軍事権を意味し、「鎮東大将軍」はその軍事権を行使する称号であり、「百済王」は百済の民生権を行使する称号である。

四七八年倭王武は宋の順帝（在位四七七―四七九）に遣使を送り、上表して「使持節・都督倭・百済・新羅・任那・加羅・秦韓・慕韓七国諸軍事・安東大将軍・倭国王」の民生権と軍事権を求めている。倭王武の上表文にある「秦韓」は辰韓、「慕韓」を馬韓とみられている（一一六頁「倭の五王の遣使」参照）。

しかし宋は倭王武が要求した百済の軍政権を認めなかった。というのは百済腆支王（余映）がすでに四二〇年「都督百済諸軍事」の称号を宋から与えられていた。宋は倭王武に対して新羅の軍政権はみとめたが、これは新羅が宋に朝貢していなかったからである。

倭王武が任那（加羅）の軍政権を宋に要求したのは、始祖王崇神以来倭王が加羅諸国を支配していたからであるが、「倭国・加羅王」などと名乗って宋に加羅諸国の民生権を求めなったのは、それまで崇神王朝の二代目垂仁と三代目の讃は邪馬台国王からスムーズに王統を引き継いだかのようみせるため贋《にせ》の魏鏡である三角縁神獣鏡まで作って自分の王朝の出自を隠した。卑弥呼の邪馬台国を滅ぼしたことを知られると宋王朝に厳しく罰せられるからである。

加羅諸国は名目上では倭国から独立していたが、実際は政治的連合体として倭国の一部であった。なぜなら加羅系倭王を継いだ倭王武が新倭王朝を樹立すると間もなく、百済と新羅による加羅諸国の侵略が始まり、六世紀中頃に加羅諸国は完全に滅亡した。

江上波夫は「倭国」は「韓倭連合王国」であったと考えているので、朝鮮南部と日本が「連合国」を構成していたとする点では江上波夫と石渡信一郎は同じであるが、「連合国」の領域については一致しない。

なぜなら江上波夫は「韓倭連合王国」の領域は倭王の自称「倭・百済・新羅・任那・秦韓・慕韓」の六国ないしはこれに加羅を加えた七国とし、倭王が自称した「倭国」の一部をこれら六国ないし七国の総称とみているからである。対して石渡信一郎は次のように述べている。


私は日本列島内の倭国と南朝鮮の加羅系諸国を倭王の支配領域とみる。倭王が自称した「倭国王」の「倭国」はこの両地域を併せた総称ではなく、日本列島内の倭王の支配領域だけを称したものと考える。なぜなら倭王は自分の出自を隠し、邪馬台国王の子孫になりすますために、加羅諸国を「倭国」から独立していると見せかけていたから、自分から加羅系諸国を「倭国」の一部を称することはしなかった。しかし当時倭王武が実際支配していたのは、加羅地域と日本列島にまたがる連合王国であった。

◈加羅系の地名カヤ・カラ

石渡信一郎によれば加羅諸国の盟主国は南加羅（金官国・大駕洛）である。四世紀中ごろ南加羅の王の崇神は、日本列島に渡来して加羅諸国と日本列島内の加羅系統の諸王国からなる連合王国の始祖王となった。崇神が渡来する以前の四世期初頭から加羅系渡来集団は日本列島に渡来し、その集団は各地に進出していた。

加羅系渡来集団はカヤ・カヤのほかに「南加羅」・「南加耶」・「大加羅」・「大加耶」などの地

名を日本各地に残した。ナニハ（難波）という地名もその一つであるが、ナニハは南加羅の訛《なま》った地名である。ナニハは地名のほかに『日本書紀』神武天皇即位前紀戊午年春二月条に次のように書かれている。

　神武の軍は東を目指して舳艫《じくろ》相次ぎ出発した。ちょうど難波の岬まで来ると、甚だしく速い潮流に遭遇した。そこで名付けて、ここを浪速国《なみはやのくに》という。また浪花《なみはな》ともいう。今、難波《なにわ》というのはそれが訛ったものである〔「訛」はここではヨコナマルという〕。

南加羅は大加羅とも呼ばれていたが、古代朝鮮語では「大」を意味する語ヨは日本語ではカなどの音に相当するので、大加羅はダイカラのほかにカカラと読まれた。『日本書紀』「雄略紀」五年六月条には、百済の武寧王が筑紫の各羅《かから》嶋で生まれたのでその島を主嶋《にりむせま》と呼んだとあるが、「武烈紀」四年是歳条に引用されている『百済新撰』には次のように書かれている。

　各嶋《かから》の海中に主嶋《にりむしま》有り。王《こにきし》の産まれし嶋なり。
　（各羅の海の中に主島がある。王（武寧王）が生まれた島である）

佐賀県東松浦半島の北方海上にある加唐島《かから》を主嶋とする説があるが、難波の地名が南加羅《なむから》に由来することと、カカラが「大きな加羅」を意味すること、および『百済新撰』の「各羅の海中」という表現を合わせ考えれば、各羅は大加羅を意味するカカラであることがわかる。武寧王は倭国で生まれたが、『百済新撰』は武寧王の出生地を記録するのに倭国ではなくカカラ（大加羅）という国名を使用した。

また、古代日本語には「大」を意味する語として、ホオがあった。オホ（大）も、ヨ↓コ↓コホ↓オホと転訛した語とみられる。そこで「垂仁紀」二年是歳条の注にみえる「意富加羅《おほから》国」も南加羅を指すと考えられる。

ナムカラ・ナムカヤ・カカラ・オホカラの地名は、さまざまな形に転訛し、畿内を中心として日本列島の広い範囲にわたって残っていた。このことは崇神王朝が支配した倭国が南加羅と一体であったこと、すなわち南加羅と倭国が連合王国ナムカラ（カカラ）を構成していたことを物語っている。

2　百済から渡来した応神天皇

◇河内湖の開拓事業

前章では崇神・垂仁＋倭の五王「讃・珍・済・興・武」の出自と系譜や墳墓を明らかにしたが、倭の五王の最後の倭王武についてはいつどのようにして崇神王朝に婿入りし、新王朝を樹立したのか具体的に説明しなかった。

『日本書紀』巻第九神功皇后摂政仲哀天皇九年（二〇〇年、干支は庚辰）一二月一四日条に「誉田天皇（応神天皇）を筑紫で生んだ。時の人はその出産の地を名付けて宇瀰《うみ》といった」とある。訳者頭注は応神が生まれた場所について「福岡県粕屋郡宇美町。ただし応神即位前紀には筑紫の蚊田の生まれともある」としている。しかし神功皇后が架空の人物であり、神功の三韓征伐も史実ではないことは言うまでもない。

水野祐は三世紀前半の邪馬台国と対立していた狗奴《くな》国の王はツングース系であるとし、応神はこの狗奴《くな》王の子孫であるとしている。井上光貞はこの水野説について「応神は海を渡って日本に侵入した渡来人」であるとした。しかし考古学者にして歴史学者の李進熙《りじんひ》は、次のように指摘している。

河内地方において弥生いらいの稲作に大変革をもたらすためには、淀川や大和川に堤防を築いて洪水を防ぐとともに背後地を乾田にかえる水路を作らなければならず、羽曳野丘陵地帯に灌漑用水を供給するための貯水池（狭山池など）を多数築かなければならない。

李進熙はいみじくも新しい技術を持つ集団は百済系であって、五世紀後半にはかれらの中心勢力が住みついた地が誉田山古墳（伝応神陵）のある古市《ふるいち》であることを指摘している。

また考古学者の文史衛も「朝鮮三国の移住民集団による畿内地方の開拓について」という論文（『歴史学研究』三七四）で、古墳時代中期以降における河内や大和の開拓が主として百済系渡来集団によって行われたと書いている。
尾本恵一（遺伝学者）や埴原和郎（人類学者）の研究によっても近畿地方を中心に短頭・長身の形質をもたらした古墳時代の朝鮮半島からの渡来者数を二六七万人としている。それではなぜこのような多数の朝鮮住民が日本列島に渡来したのだろうか。

◇職掌集団の大量渡来

『古事記』によれば応神時代に秦《はた》氏や漢《あや》氏の祖が多数の住民を率いて渡来している。また『日本書紀』応神天皇一四年（二八三、干支は癸卯）二月と一五年（二八四、干支は甲辰）八月条に「弓月公や漢《あや》氏の祖が多数の住民を率いて渡来した」と次のように極めて具体的に書かれている。

一四年二月百済王が縫衣工女《きぬぬいのおみな》を貢上した。名を真毛津《まけつ》という。これが今の来目衣縫《くめのきぬぬい》という。この年弓月君《ゆづきのきみ》が百済からやって来た。そして「私は自分の国の人夫《にんぷ》一二〇県分を率いて来帰しました。ところが新羅人が妨げましたので、人夫は皆加羅国に留まっています」と奏上した。そこで葛城襲津彦を派遣して弓月の人夫を加羅より招致させた。しかるに三年たっても葛城襲津彦は帰還しなかった。一五年八月六日百済王は阿直岐《あちき》を派遣し、良馬二匹を献上した。そこで阿直岐に軽《かる》（大和国高市郡久米）の坂の上の厩《うまや》で飼育させた。

応神天皇一四年（二八三、干支は癸卯）二月と一五年（二八四、干支は甲辰）八月に類似する記事が干支三運（六〇年×三運＝一八〇年）繰り下げると「雄略紀」の六年（四六二、干支は壬寅）、七年（四六三、干支は癸卯）、一四年（四七〇、干支は庚戌）にもあるので次に引用する。ちなみに二つの記事は百済蓋鹵王の弟昆支王が倭王済に婿入りした雄略天皇五年（四六一、干支は辛丑）四月条の「昆支渡来」の記事に続いている。

〈雄略天皇六年三月〉天皇は后妃に自ら桑の葉を摘ませて、養蚕を勧めようと思った。そして蜾蠃《すがる》に命じて国内の蚕を集めさせた。その時蜾蠃は誤って嬰児《わかご》を集めて天皇に献上した。天皇は大層笑い、嬰児を蜾蠃に与えて「お前が嬰児を自分で養え」と言った。蜾蠃は嬰児を宮墻《みやかき》の下で養育した。これによって姓を少子部連《ちいさこべむらじ》とした。

〈雄略天皇七年〉大伴連直掬《つか》に命じ、新漢陶部高貴《いまきのあやのすえつくりべこうき》・鞍作部堅貴《くらつくりべけんき》・画部因斯羅我《えかきべいんしらが》・錦部《にしきべ》定安那錦《じょうあんなこむ》・訳語卯安那《おさぼうあんな》らを、上桃原・下桃原・真神原《まかみはら》の三か所に移住させた〔ある本に、吉備臣弟君は百済から帰ると、漢手人部・衣縫部・宍人部を献上したという〕。

〈雄略天皇一四年三月〉臣・連に命じて呉の使者を迎えさせ、呉人を檜前《ひのくま》野に住まわせた。よって呉原と名付けた。衣縫の兄媛《えひめ》を大三輪神に奉り、弟媛を漢衣縫部《あやのきぬぬべ》とした。漢織・呉織・衣縫は、飛鳥衣縫部・伊勢衣縫らの先祖である。

応神天皇一四年と一五年の「弓月公や漢《あや》氏の祖が多数の住民を率いて渡来した」という記事を干支三運一八〇年繰り下げたこれら「雄略紀」の記事は、百済から渡来し蓋鹵王の弟昆支王が引き連れてきた職掌（技術者）集団、すなわち陶器を作る者、馬具を製作する者、画工の部、錦織の高級織物の品部、通訳などを如実に言い表している。

これら職掌集団は飛鳥寺のある真神原や蘇我馬子の墓石舞台古墳（桃原墓）のある高市郡明日香村（檜前）に移住したことを如実に物語っている。これら職掌集団が飛鳥に渡来したのは「記紀」に書かれている応神時代でも不在天皇一〇人の一人雄略天皇の世でもない。

雄略天皇一四年の「呉の使者」も応神天皇（在位二七〇―三一〇）の時代に対応する「魏・蜀・呉」の三国時代であるならばいざしらず、まして呉の使者が不在天皇一〇人の一人雄略天皇（在位四五六―四七九）の世に渡来するわけがない。つまり「記紀」編纂者は百済から渡来して加羅系崇神王朝を引き継いで百済系新王朝を立てた昆支（倭の五王＝讃・珍・済・興・武の倭王武）の分身として応神・雄略をつくったのである。

◇六〇〇基の新沢千塚古墳群

檜前については『続日本紀』光仁天皇宝亀三年（七七二）四月二七日条には正四位下・近衛中将・兼安芸守で勲二等の坂上苅田麻呂（坂上田村麻呂の父）が言上したとして、次のように書かれている。

檜前忌寸《ひのくまのいみき》の一族をもって、大和国高市郡の郡司に任命しているそもそもの由来は、彼らの先祖の阿知使主《あちのおみ》が、軽嶋豊明宮《かるしまのとよあきらのみや》に天下を治められた応神天皇の御世に、朝鮮から一七県の人民を率いて帰化し、天皇の詔《みことのり》があって、高市郡檜前村の地を賜わり居を定めることによります。およそ高市郡内には檜前忌寸の一族と一七県の人民が全土いたるところに居住しており、他姓の者は十の内一、二割程度しかおりません。

このように高市郡（現在の奈良県高市郡や橿原市の大部分を占める）は六世紀から八世紀初めまで日本の政治の中心地、飛鳥があった地である。坂上刈田麻呂は本宗家の出身であるが、昆支王（倭王武）の時代に、この地に東漢《やまとのあや》氏祖の祖阿知使主が一七県の人民を率いて移住した。八世紀には阿知使主の子孫である檜前忌寸とその管理下の人々が、旧高市郡の住民の大多数を占めていたことになる。畝傍《うねび》山の西に接する奈良県橿原市北越智町・川西町の約六〇〇基の新沢千塚古墳群《にいざわせんづかこふんぐん》の木棺直葬墳は東漢一族が残した百済系氏族の古墳である。

◈百済系の木棺直葬墳

『日本書紀』応神天皇一五年八月六日条に百済王は阿直岐《あちき》を派遣し、良馬二匹を献上した。そこで阿直岐に軽《かる》（大和国高市郡久米）の坂の上の厩《うまや》で飼育させた」と書かれているが、阿直岐は東漢氏の祖阿知使主の居住地で馬の管理をしていたことになる。

軽の地には応神（昆支、倭王武）の明宮《あきらのみや》が置かれていた。明宮の近くには昆支王晩年の子ワカタケル大王（欽明天皇）の墓見瀬丸山古墳（全長三二八メートル、全国第六位）がある。東漢が強力な軍事力をもっていたことは、新沢千塚古墳から新鋭の武器が多数出土していることからも明らかである。また先述したように『日本書紀』「応神紀」一四年条に「葛城襲津彦《かつらぎそつひこ》を派遣して弓月の人夫を連れて帰国させた」と書かれているが、『日本書紀』には弓月公と秦氏の関係についてはなにもふれていない。

しかし『古事記』応神天皇条には秦造《はたのみやつこ》の祖先・漢直《あやのあたい》祖先と、また酒の醸造を知っている人で名は仁番《にほ》、またの名は須々許理《すすこり》という者が渡来してきた」とある。事実、秦氏の本拠である京都市右京区の太秦《うずまさ》古墳群のなかには百済系の横穴式石室墳があり、大阪府寝屋川の太秦古墳群にも百済系の木棺直葬墳がある。

九世紀初頭に成立した『新撰姓氏録』には太秦公宿祢や秦忌寸の祖について、秦の始皇帝の子孫の弓月君が応神天皇一四年に一二七県の百姓を率いて帰化したと記されている。

通説では秦氏は新羅系氏族とされているが、合理的根拠があるわけでない。『日本書紀』欽明天皇元年（五四〇）八月条には次のような記事がある。

> 高麗・百済・新羅・任那がそろって使者を派遣し、貢物を献納した。秦人・漢《あや》人ら、諸蕃国から来朝した者を召集して国郡に住まわせ、戸籍に登録した。秦人の戸数は全部で七〇五三戸あり、大蔵掾《じょう》を秦伴造とした。

昆支王（倭王武）の晩年の子欽明（ワカタケル大王）でなければ百済系秦氏の多数の人夫を召集することはできない。しかも当時百済王は昆支王の子武寧王（在位五〇一―五二三）を父に持つ聖王（在位五二三―五五四）である。当時、聖王の百済は新羅と交戦中であり、聖王は戦死している。したがって秦氏が新羅系とすることはできない。

3　「日十大王」とはだれのことか

◆考古学者高橋健自

ところで、和歌山県橋本市の隅田八幡神社に伝来した人物画像鏡は、上野の国立博物館に国宝として常時展示されているが、この鏡についての説明は次のように無味乾燥である。

中国製の画像鏡をまねた国産鏡です。外区に「大王年」などの文字を含む四八文字の銘文があります。「乎弟王」や「意柴沙加」といった大王や宮の名が見られる文字により、古くから「記紀」との関連についての議論があり、製作年代もさまざまな説があります。

この隅田八幡鏡の存在が広く世に知られるようになったのは、大正三年（一九一四）九月、高橋健自が考古学学会の例会で隅田八幡神社の鏡を紹介してからである。高橋はその講演内容を『考古学雑誌』（第五巻第二号）に発表した。ちょうどそのころ高橋は帝室博物館（現東京国立博物館）で学芸員として働き、そのかたわら『考古学雑誌』の編集発行に従事していたが、

「古墳の年代との鏡の様式」のことで喜田貞吉《きたさだきち》（一八七一―一九三九）と論争の真っ最中であった。

例会三ヵ月前の六月頃、高橋健自は大和五條町に住む小笹光典という人物から隅田八幡神社に伝来した古鏡の拓本を贈られた。それには「神功皇后御将来」という社伝も書き添えてあった。「御将来」とは神功皇后がもたらした品を意味する。

鏡の背の内区には数名の人物がほどこされ、内区外周の銘帯部分は漢や六朝の鏡にあるような吉祥文句ではなく、「癸未《きび》年八月日」とか「何々宮」とかいう今まで見たことのない漢字らしき文字が一周していた。

◆銘文はどのように読まれたか

その後、まもなく高橋健自は五條地方を旅行した奥田抱生《ほうせい》なる歴史家の知人に出会ったので鏡のことを尋ねた。現物を見たことのある奥田氏によると銘文の最初の文字は「癸未年八月日」と読むことができ、「意柴沙加宮《おしさかのみや》」と読むことができたというのである。「意柴沙加」とは「忍坂《おさか》」と表記され、『日本書紀』「神武紀」などに出てくる奈良県桜井市にいまも残る忍坂《おっさか》という地名である。かくして高橋健自と二人の同行者は銘文を次のように読み下した。

癸未の年の八月十六日に、王年□《ママ》王という方が意柴沙加《おしさか》の宮に居られる時、斯麻念長と申すものが、開中費直《はるなかのあたい》と穢人の今州利と申す二人等をして、白い上等の銅即ち良質の白銅二百旱を以てこの鏡を作らせた。

高橋健自（一八七一―一九二九）は東京に戻ってからこの鏡がいままで文献上取りあげられたことがあったかどうか調べてみた。すると吉田東伍（一八六四―一九一八）の『大日本地名辞書』の「紀伊伊都郡　隈田八幡宮」の項に次のよう書かれている。

隅田八幡宮は本郡の名祠なり、供僧を置き殿屋壮麗他の諸村に比す可らず。什宝古鏡一面あり、相伝へて神功皇后韓国より収め給うものと云う。其古鏡を観るに径五寸三分蒼然たる青緑の銅にて黄色を含む、縁薄く背面の紋奇工稠密にして文字すべて四九字あり古体にして読むべからず。

高橋はさらに『紀伊国名所図会』を見ると、実物大の絵が載っている。さらに「大日本地名辞書」には「昔年筑前伊都郡三雲村にて土中より掘出しものと形状よく似たり、漢魏の古物なること自明なり」「本州古器之を最第一とす」と記している。

高橋は銘文の「癸未年」を『日本書紀』の年紀と『古事記』に記されている天皇崩御の干支から計算して西暦を割り出すことにした。高橋はこうして誰よりも早く隅田八幡鏡の「癸未年」を「三二三年」か「三八三年」のいずれかと特定するまでにいたったのである。

ちなみに三二三年は『日本書紀』仁徳天皇一一年（干支は癸未）に当たり、三八三年は仁徳天皇七一年（癸未）は当たる。

ここで説明が複雑になりかえって読者の皆さんに迷惑をかけるといけないので、今から三〇年前（一九九〇年）に発表された石渡信一郎の解読文を次にあげておくことにする。Aは銘文、Bは石渡信一郎の解読文である。

A　癸未年八月日十大王年男弟王在意柴沙加宮時斯麻念長奉遣開中費直穢人今州利二人尊所白上同二百旱所此竟〔隅田八幡鏡銘文〕

B　癸未年（五〇三）八月、日十《ソカ》大王（昆支）の年（世）、男弟王（継体）が意柴沙加宮（忍坂宮）に在《いま》す時、斯麻（武寧王）は男弟王に長く奉仕したいと思い、開中（辟中）の費直《こおりちか》（郡将）と穢人今州利の二人の高官を遣わし、白い上質の銅二百旱を使って、この鏡を作らせた。〔石渡信一郎解読文〕

4　神人歌舞画像鏡

◇山田孝雄の銘文解読

高橋健自は文献学的手法と考古学的手法を駆使して隅田八幡鏡の銘文の解読と癸未年鏡の年

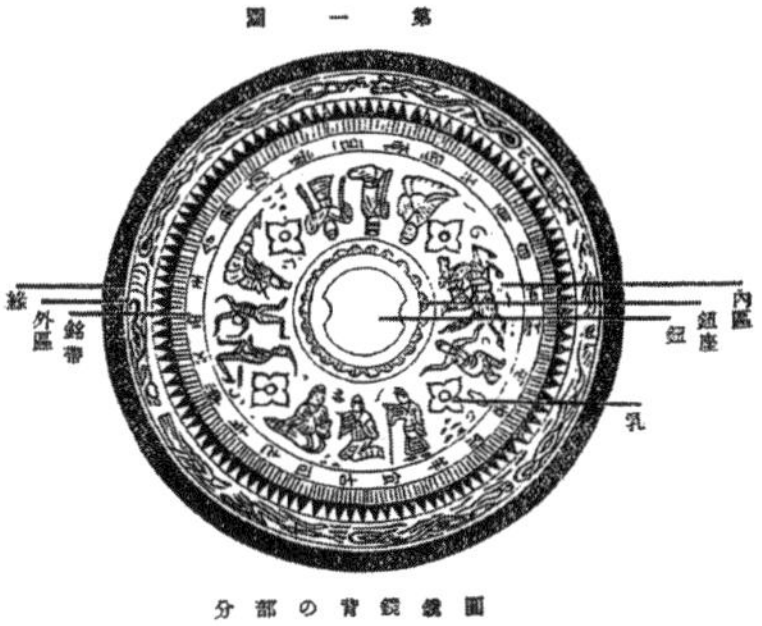

高橋健自「神人歌舞画像鏡」の模写図

代の割り出しに努力したが、その結果は決して十分なものではなかった。高橋が講演内容を発表した翌年、国語国文学者の山田孝雄は、高橋と同じ『考古学雑誌』の第五巻第五号（大正四年一月五日発行）に「隅田八幡鏡蔵古鏡につきて」と題してその「実見記」を発表した。

この山田の「実見記」がきっかけとなって、高橋健自が『鏡と剣と玉』の四頁に掲載した鏡の実物は隅田八幡鏡が模作したと思われる同型鏡の一つ八尾市郡川西塚古墳出土の神人歌舞画像鏡であることがわかった。当時、この鏡は上野の帝室博物館に保存されていた。

◇神人歌舞画像鏡の同型鏡一二面

比較考古学などで業績を上げている川西宏幸（元筑波大学教授）などの研究により、神人歌舞画像鏡の同型鏡は大阪府藤井寺市の長持山古墳や東京都狛江市の亀塚古墳から出土したものを含め一二面が明らかになっている。隅田八幡鏡が模倣した同型鏡の出土した古墳の年代がわかれば、隅田八幡鏡の年代も推定できることになる。

川西宏幸は「同型鏡とはただ一つの原型があって、これから複数の笵をとり、そうして一笵一鏡の原則で鋳造した製品の総体をいうはずである」と指摘している。一笵一鏡の「同型鏡」

とは一つの笵から幾つかの鏡を鋳造する「同笵鏡」の違いを指摘した川西宏幸の研究は重要である。しかし研究者や専門家と異なり一般の人は「同型鏡」と「同笵鏡」の区別はむずかしい。

神人歌舞画像鏡は出土地が伝わっていない三面のうち二面は根津博物館の所蔵品である。一二面のうち出土地のわかっている神人歌舞画像鏡は、○郡川西塚古墳鏡（大阪府八尾市）、○長持山古墳鏡（大阪府藤井寺市沢田三町目）、○トヅカ古墳鏡（京田辺市飯岡小字小山）、○西塚古墳鏡（福井県遠敷《おにゅう》郡上中町脇袋）、○亀塚古墳鏡（東京都狛江市和泉）などほか数面である。

◆郡川西塚古墳鏡

神人歌舞画像鏡の出土地がわかっている郡川西塚古墳は近鉄信貴《しぎさん》山口駅に近い生駒《いこま》山地高安山の麓に分布する高安古墳群のなかの一つである。高安古墳群には約二〇〇基の古墳が集中している。いうなれば六世紀から七世紀にかけて畿内中心に築造された群集墳の一つで、南の金剛山地西山麓の一須賀《いちすが》古墳群なども その一つである。

明治初期E・モース（一八三八―一九二五）が関山塚古墳をスケッチして、「日本におけるドルメン」として紹介し、明治三〇年、W・ゴーランド（一八四二―一九二二）が二室塚古墳を写真に撮り「双室ドルメン」として紹介している。

郡川西塚古墳は全長約六〇メートルの北向きの前方後円墳で六世紀初頭の築造とされている。明治三五年（一九〇二）の農地開墾の際に石室から多数の埋葬品が発見されたというが、調査資料がないので郡川西塚古墳の神人歌舞画像鏡がいつ発掘されたのかその経緯はわからない。

◇長持山古墳出土の神人歌舞画像鏡

市ノ野山古墳（伝允恭天皇陵、墳丘長二二七メートル）の陪塚長持山古墳は径約四〇メートルの円墳である。長持山古墳から出土した家形石棺二基が市立道明寺《どうみょうじ》小学校の校庭裏門の外側近くに展示されている。

市ノ野山古墳は近鉄南大阪線の土師《はじ》ノ里駅の北へ徒歩五分のところにあり、墳丘部を南に向け、線路を挟んで墳丘部を北に向けた仲ツ山古墳（伝仲津媛陵）と互いに向き合っている。仲ツ津山古墳の南隣に誉田陵（伝応神陵）がある。ちなみに仲津媛《なかつひめ》は『日本書紀』応神紀に応神天皇の后と記されているが、石渡信一郎は仲津山古墳を倭の五王「讃・珍・済・興・武」の済の墓としている。

陪塚の長持山古墳は昭和二一年（一九四六）に発掘調査が行なわれ、縄掛突起の家形石棺、衝角付冑《しょうかくつきかぶと》、挂甲《けいこう》、鞍金具、馬具などが出土した。二基の家形石棺は九州の阿蘇山産出の溶結凝灰岩をくり抜いた刳抜《くりぬき》式家形石棺である。古墳の年代は五世紀後半以降と推定されているが、肝心の神人歌舞画像鏡は、何故かボストン美術博物館の所蔵となっている。

坂元義種は神人歌舞画像鏡を模倣した隅田八幡人物画像鏡について、『東アジア古代文化』（第八七号、一九九六年）で次のように書いているのは印象深い。

隅田の鏡は鈕をめぐって内区を乳で四分割している点は似ているのだが、図を書くのが苦手だったのか、神人の配置はばらばらで、そのため乳の位置も狂ってしまった。神人の合計は乗馬の者を含めて九人、それと馬一匹で、神人二人減ったことになる。

しかし、できるだけ似せて作ろうとした気配はあるのだが、うまく描けないために似ても似つかぬものまで出来てしまった。おそらく一枚ずつ貼り付けたのであろうが、配列を間違ってしまったり、左右が逆になったりで、モデルの神人は、さんざんな目に合わされている。

5 「癸未年」論争

◇「癸未年鏡」の解読比較表

隅田八幡鏡銘文解読におけるもっとも大きな障害は、唯一頼るべき文献資料の「記紀」に「意柴沙加宮《おしさかのみや》」という地名以外に手がかりがなかったことである。のちに『古事記』は「袁本杼《をほど》」、『日本書紀』は「男大迹《をほど》」が有力な手がかりとなった。

坂元義種は約六〇年間にわたる三一人、四二件の説を比較対照した『隅田八幡人物画像鏡の銘文解読比較表』を作成した。ここでは坂元氏の『銘文解読比較表』をもとに論をすすめることにする。比較表の詳細は光文社から発行された『ゼミナール日本古代史　上・下』（編集委

研究者等	癸未の比定年	「日十大王年男弟王」の解釈 釈読	大王	王	「斯麻念長奉」の釈読	「開中費直穢人今州利」の釈読	文献番号
高橋　健自	三二三 三八三	日十六、王年□弟王			斯麻念長、奉	開中費直《ハルナカノアタヒ》、穢人今州利	①
後藤守一(a)		日十六、王年國弟王			斯麻念長、奉	開中費直、穢人今州利	④
帝室博物館		日十六、王年□弟王			斯麻念長、奉	開中費直、穢人今州利	⑤
福山敏男(a)	五〇三	日十、大王年、男弟王《ヲオト》	仁賢天皇？ 武烈天皇？	男大迹《ヲオト》(継体)	斯麻、念長壽	開中《カフチ》費直《アタヒ》穢人《アヤヒト》、今州利	⑥
山田　孝雄	六二三	日十。大王年㘴䨻。王	押坂彦人大兄皇子	〔舒明天皇？〕	(島根首)斯麻念長。奉	開中費直《アタヘ》穢人今州利	⑦
後藤守一(b)		十日、大王年男弟王			斯麻念長奉	開中費直穢人今州利	⑧
井本　進	五〇三	日、大王、年男弟王《キノオオトノキミ》	継体天皇	男大迹《オウト》王(継体)	斯麻《シマ》念長《ネノオサ》、奉	開中《カウチ》費直《ノアタイ》穢人《エヒト》今州利《コンスリ》	⑨
西田　長男	三八三	日十、大王年、男弟王《ヲオト》			斯麻《シマ》念長彦《ナカヒコ》	開中費直《カフチノアタヘ》・穢人命州利	⑩⑯
水野　祐	四四三	日十大王《ジュウノオホキミ》、与男弟王《イロトノキミ》	允恭天皇	大草香皇子	斯麻、念長寿	開中費直《カフチノアタヒ》、穢人今州利	⑪
福山敏男(b)	五〇三	日十《ヒツ》大王年、男弟王《ヲオト》	仁賢天皇	男大迹《オオト》(継体)	斯麻、念長奉(圀)	開中費直《カフチノアタヒ》穢人《エヒト》、今州利	⑫
藪田嘉一郎	五〇三	日十六、三年《ミトセ》、男弟王《オオト》		継体天皇	斯麻、念長壽	開中費直《コウチノアタイ》穢人《エヒト》・今州利《コンツリ》	⑬
榧本　杜人		日十。大王年。男弟王			(武寧王)斯麻念長。奉	開中費直穢人今州利	⑭
保坂三郎(a)		日十大王年男弟王			斯麻念長奉	開中費直穢人今州利	⑮⑱
井上　光貞	四四三	日十、大王与男弟王	允恭天皇				⑰
森　幸一	四四三	日、十(遊ブ)大王年、乎弟王	允恭天皇	乎非王	斯麻、念長寿	開中費直、穢人今州利	⑲
宮田　俊彦	六二三	日十、大王年、男弟王《ヲオト》	推古天皇	押坂彦人大兄皇子	斯麻《シマ》念《ネ》長、奉(島根首カ)	開中費直《カハチノアタヒ》・穢人《エヒト》今州利《コンツリ》	⑳
神田　秀夫	四四三	日十《クサカ》大王	大日下王				㉓
北条　文彦	六二三	日下《ヒノモト》大王年、男弟王	〔推古天皇〕		斯麻、念長寿	開中費直穢人今州利	㉔
保坂三郎(b)		日十大王年男弟王			斯麻念長、奉	開中費直穢人今州利	㉕
今井　啓一	四四三	日下《クサカ》大王年、男弟王	大日下王	忍坂大中姫の五人の皇子	斯麻、念長寿	開中費直《カフチノアタヘ》穢人《エヒト》、今州利《コンツリ》	㉖

乙益　重隆	五〇三	日十。大王年。男弟《ヲオト》王		継体天皇	斯麻、念長奉	開中費直穢人、今州利	㉗
小林　行雄	四四三	日十大王年、男弟王			斯麻、念長壽	開中費直、穢人《エヒト》今州利	㉘
古江　亮仁	四四三	日、大王《オホキミ》矦与弟王《イロトノキミ》			斯麻、念長寿	開中費直穢人、今州利	㉙
保坂・西村		日十大王年囝圀王	允恭天皇	大草香皇子	斯麻念長奉	開中費直穢人今州利	㉛
山尾　幸久	五〇三	日十《ヲス(ジ)》大王年、孚弟《ホド》王	仁賢天皇	ヲホド(継体)	斯麻、念長奉	開中費直、穢人《アヤヒト》今州利	㉜
駒井　和愛	三八三	日十、大王年・男弟王	応神天皇	菟道稚郎子	斯麻《シマノ》念長《ネナガ》、奉	開中費直《アタイ》、穢《ワイ》人彌州利《ミツリ》	㉟
古田　武彦	五〇三	日十《ヒト》大王年、男弟王			斯麻、念長泰	開中費直・穢人今州利	㊳
川口　勝康	五〇三	日十《ヲハセ》大王年、男弟王	武烈天皇		斯麻(武寧王)、念長泰	辟中費直、穢人今州利	㊴
福山敏男(c)		日十大王年(世)、男弟王			斯麻、念長奉	開中費直穢人今州利	㊵

員、上田正昭・直木孝次二郎・森浩一・松本清張）か、この本から抜粋して掲載した拙著『隅田八幡鏡』（彩流社）を参照していただきたい。

坂元義種は隅田八幡鏡の銘文四八文字のなかから、①「癸未年」②「日十大王年男弟王」の解釈③「斯麻念長奉」の釈読④「開中費直穢人今州利」のキーワードを選び、②はさらに「釈読」「大王」「王」の三つの項目を立てた。なお本書では「文献番号」の参考文献は割愛した。

◇五〇三年説か四四三年か

坂元義種の一覧表からわかるのは五〇三年説と四四三年説が多いことである。本章ではこの二つの説に焦点をあてて述べることにする。福山敏男の五〇三年説の前に、四四三年説の代表格である水野祐の説を取り上げる。水野祐の論点は「記紀」との関連性からわかりやすいからだ。水野祐の説明（『古代』第一三号・三号、一九五四年）は次の通りである。

「日十大王」を「ジジュウノオホキミ」と読む。そして「癸未年八月十六日」や「癸未年八月十日」を「癸未年八月」で切り、「日十」を「十日」の誤りとしないで、日十と大王と結合して「日十大王」とする。

この解読は福山敏男とほぼ同じである。しかし、水野祐は「意柴沙加宮」が大和国磯城郡磯城島村大字忍坂《おっさか》（現・奈良県桜井市）の地とすれば、允恭天皇（在位四一二―四五三）の正妃忍坂大中姫が大和国城上郡忍坂郷を本貫地としているので、「日十大王」が允恭天皇とすれば「男弟王」は允恭と大中姫の子大草香皇子と推定した。

そして水野祐は福山敏男の「男弟王＝継体天皇説」については、「継体朝は吾が古代史上極めて複雑重大な時期であり、かつ日本書紀のこの時代に関する記載は混乱があり、継体天皇紀の全般に就いての資料は不確実で俄かに信じがたい」と福山敏男の説を一蹴した。

◆福山敏男の銘文解読

さて水野の四四三年説に対して福山敏男は四回にわたって五〇三年説を発表しているが、福山敏男は「日十大王」を「仁賢天皇？　武烈天皇」（一回目）、「仁賢天皇」（二回目）、「わからない」（三回目）とし、「王」を「継体天皇」（一回目、二回目）、「空白」（三回目）とした。四回目の昭和五〇年（一九七五）に発表した判読『日本古代史文化の探求・文字』（社会思想社）は次の通りである。

癸未年八月日十大王年、在男弟王意柴沙加宮時、斯麻、念長奉、遣開中費直穢人今州利二人等、所白上同二百旱、所此竟

そして福山は次のように解読した。この釈文は石渡信一郎が『応神陵の被葬者はだれか』（三一書房、一九九〇年）で発表した前記の解読文に最も近いものである。

癸未の年八月、日十大王の年（世）、男弟王が意柴沙加（忍坂）の宮に在《まし》ました時、斯麻が、念長奉、開中費直穢人今州利二人等をして、白上（精良）の同二百旱を択び取って、此の鏡を作らせた

さらに福山敏男は次のように解説している。

私ははじめ「癸未年八月日十、大王年」と区切ったが、ただ漫然と「大王」とあるのでは落ち着かないのと、「十日」を「日十」と書くのは、歌謡の場合ならともかく、四角ばった銘文としてはおかしいと考え、「癸未年八月、日十大王」と改めた。

その場合は「日十」（曰十か）は大王の名か号かということになろう。男弟は普通名詞か固有名詞かという問題がある。『魏志』倭人伝に、卑弥呼に「男弟」があって国政を助けたとある例を参照すると、男弟王（後世の用語で皇太弟か）のこととしてもよいのかも知れない。しかし後世にのこる文章としては、帝王以下の人なら、その人の名を出す方が自然である。

「男弟」を音読みナデとするより、訓よみでヲオトとしたらどうか。『上宮紀』の乎富等（オフト）王、『古事記』の袁本杼（ヲホド）命、『日本書紀』の男大迹（ヲホト）天皇（継体天皇）を私はこのヲオトにあてたが、ホとトの音の相違に難点があることを注意された。なるほどそうであろう。

しかし『古事記』の開化天皇の条の意祁都比売《おけつひめ》と袁祁都比売《をけつひめ》、安康天皇条以下に見える意祁（オケ）王（兄）と袁祁（ヲケ）王（弟）の例があり、大をオ、小をヲとしている用例からすると、「大」はオとも読めるし、『日本書紀』の「男大迹」はヲオトと読めないこともなかろう。

◈「斯麻」とは誰か

福山敏男は銘文の「斯麻」は人名で男弟王の家司の役を勤めた人と考え、そこで高橋健自が「斯麻念長《しまねのおさ》」と読み、神功皇后四六年紀の斯麻宿禰と結びつけたのを、福山は「斯麻」と「年長奉」を切り離した。

また斯麻の部下と思われる二人は「開中費直《あたい》」と「穢人今州利」とすることができるが、「穢人」を名とみて「開中費直穢人」「今州利」の二人とした。癸未年については福山は五〇三年として、「斯麻」については次のような疑問を呈している。

戦後では、この鏡が百済で作られたもので、銘文の「斯麻」を武寧王（斯麻王、五〇一年から在位）に当てる説も提示された。しかし在位の王ならば、せめて「斯麻王」という敬称がほしいものである。「斯麻」というように、はだかのままの言い方をするのはどうかと思われる。

ここでは福山敏男は「日十大王」が誰か特定していないが、一九三四年に発表した『考古学雑誌』（第二四巻第一号）の「江田発掘大刀及び隅田八幡神社鏡の製作年代について」で、「日十大王」を仁賢天皇（在位四八八―四九八）か武烈天皇（在位四九八―五〇六）とし、「男弟王」は終始一貫継体天皇としている。

「日十」の読み方については、一九五四年に平凡社から出版された『書道全集』（第九巻）の「隅田八幡鏡銘（図説解説・釈文）では「ヒソ」と呼び、また「曰十」の場合は「オソ」と考え、大王を仁賢天皇とした。これら福山説を軸に他の研究者の説を比較するとその違いと一致がよくわかる。

◇「日十」をどう読むか

隅田八幡鏡銘文は四八文字のなかに「癸未年八月」「日十大王」「男弟王」「意柴沙加宮」「斯麻」「開中費直」「今州利」など五Ｗ一Ｈが完全にそろったまれに見る金石文である。しかし肝心の「日十大王」という名の天皇は「記紀」に見あたらない。手がかりになるような人名もない。

あるとすれば『古事記』序文に太安万侶《おおのやすまろ》が「『日下』をクサカと訓《よ》ませ、名で『帯』の文字をタラシと訓ませるなど、こういう類例は従来の記述に従い改めませんでした」と記した箇所である。

唯一、国語学者の神田秀夫が一九五九年『古事記の構造』（明治書院）で「日十大王」の「日十」を「クサカ」と読んでいる。しかし神田秀夫は癸未年を四四三年として「日十大王」を『日本書紀』「仁徳紀」の仁徳天皇と妃の日向髪長媛《ひむかのかみながひめ》間に生れた大草香皇子《おおくさかのかみこ》とした。『古事記』はこの皇子を大日下王《おおくさか》と表記しているからである。

このように八幡鏡銘文がもっている重大な意味が解読不能になって現在に至っているのは、「日十大王」が最大の謎であったからである。「日十大王」とはいったい誰なのか。五Ｗ一Ｈの最大の主役「日十大王」が特定できれば各キーワードの整合性が成立して、銘文全体の意味が判明するはずである。

「日十」をいったいどう読むのか。もしこの「日十大王」が「記紀」のなかにあり、その正体がわかっていたならば、日本古代史の記述は一八〇度ちがったであろうし、また「記紀」に対する正史としての信頼は一挙に高まることになったであろう。

しかし「記紀」そのものが「日十大王」の存在を意図的に隠したとなるとどうなるのか。むしろ一歩進めて『日本書紀』編纂者が隅田八幡鏡の存在を知って「日十大王」を隠蔽したとしたらどうなるのか。しかしなぜ「日十大王」は隠されなければならなかったのだろうか。

昆支の倭国渡来の事実と銘文の「斯麻」が百済武寧王（在位五〇一―五二三）と同一人物であり、かつ「日十大王」の子であり、斯麻＝武寧王が「男弟王」＝継体天皇（在位五〇七―五三一）の甥にあたることは百済武寧王陵と墓誌からも明らかである。

この日本古代史上最大の秘密をもつ隅田八幡鏡が神社に古くから伝来したものではなく、江戸天保五年（一八三四）に紀ノ川ほとりの瓦採掘場から出土したという驚くべき話を皆さんにぜひお伝えしておかなければならない。

第6章　運命の鏡、隅田八幡鏡

1　『紀伊国名所図会』

◇紀州藩主治宝と加納諸平

『紀伊国名所図会』という江戸時代後期の史書がある。『紀伊国名所図会』は紀州藩主の許可のもとで、文化八年（一八一一）から高市志友《たけちしゆう》の編纂で開始された。徳川一一代将軍家斉《いえなり》の時代である。時の紀伊藩主は一〇代治宝《はるとみ》であった。紀州藩は元和五年（一六一九）紀伊に入国した徳川家康の一〇男頼宣を初代とする。

治宝は明和八年（一七七一）、江戸麹町屋敷で八代重倫の二男として生まれたが、六歳で九代治貞の養子になった。天明七年（一七八七）一一歳の時、徳川一〇代将軍家治《いえはる》から一字もらいうけて常陸介治宝《はるとみ》と改名した。寛政元年（一七八九）一二月治貞が逝去したので、治宝が紀州徳川家を相続した。

治宝は自ら「国学研究」に専念し、伊勢に松坂学校を起こすなど藩士師弟の学問の育成に励んだ。治宝の祖母清信院は加茂真淵の門人であり、本居宣長は清信院の屋敷であった吹上御殿

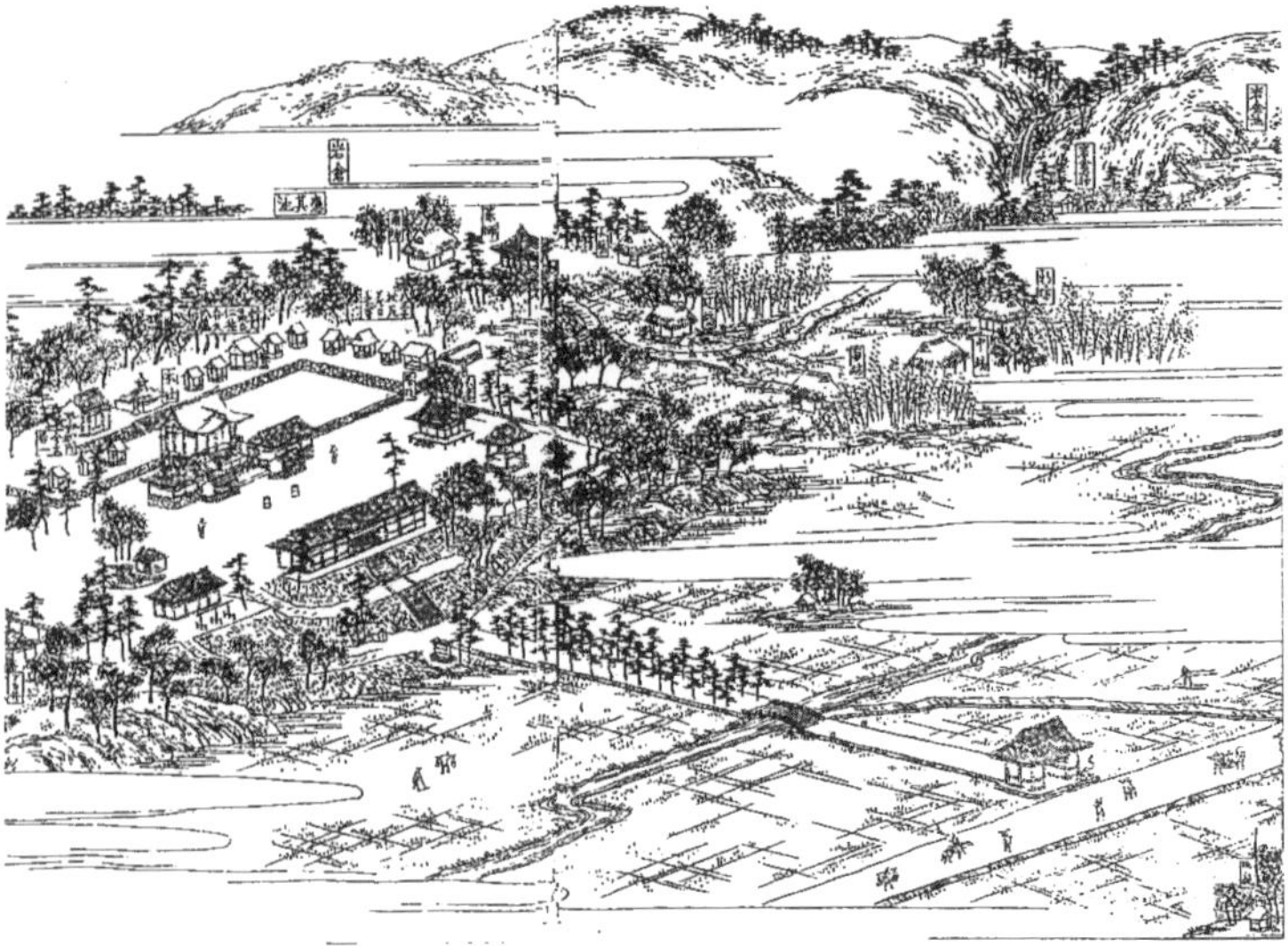

隅田八幡神社（紀伊國名所図会』より）

で講釈も行っている。また治宝は文化二年（一八〇五）に仁井田好古、本居大平（本居宣長の養子）を『紀伊続風土記』の編纂に従事させ、『紀伊国名所図会』の後編を加納諸平や岩瀬広隆に新撰させている。治宝は嘉永六年（一八五三）八三歳で亡くなったが、紀州文化の発展に貢献したことにおいて、歴代藩主のなかで群をぬいている。また歴代藩主一四代で従一位に昇叙したのは治宝だけである。

　ちなみに文政六年（一八二三年、干支は癸未年）、紀ノ川流域で大規模な百姓一揆（こぶち騒動）が勃発し、治宝は責任をとる形で翌年藩主の座を御三卿の徳川家斉七男斉順に譲っている。文政六年と言えば、干支癸未年が隅田八幡鏡銘文の「癸未年」と一致している。こんなことからも治宝は隅田八幡鏡の存在を意識していたのだろうかと想像する誘惑にかられる。

藩主治宝の許可のもとで開始した『紀伊国名所図会』であったが、途中、高市志友が死んだので子の志文が引き継いだが、前編を完成させることができなかった。後編は本居宣長の養子にあたる本居大平の門人加納諸平（一八〇六―一八五七）が藩の命令を受けて嘉永四年（一八五一）に完成させたのである。

加納諸平が『紀伊国名所図会』「隅田八幡宮」（三編　巻の二）を編纂した天保八年（一八三七）は、天皇が仁孝《にんこう》（在位一八〇〇―一八四六）、徳川将軍は家斉から家慶に代わった年であり、国内は大塩平八郎の乱、越後・陸奥の百姓一揆が勃発し、国外はアメリカのモリソン号が漂流民を護送して浦賀に停泊するという激動の年であった。

それでは『紀伊国名所図会』（三編　巻の二）から「隅田八幡宮」の項を全文引用する。

隅田八幡宮　垂井村にあり、隅田庄十六箇村の産土神《うぶすな》にて、他の宮に比すべきにあらず。本社　拝殿・灯楼、本社の前両脇にあり。御供所　灯楼の西にあり。御輿蔵　本社の後ろにあり。鐘楼・僧座・神子座　本社の両脇にあり。楼門　街道の側、馬場前にあり。南向きなり。本社　数社あり。三重塔・三昧堂・経堂・護摩堂　巳上往年烏有す。今廃址あり。

別当大高能寺　境内にあり。

什宝　古鏡一面。寺僧伝えて神功皇后三韓を征したまえる時、かの土の人、皇后に献れる鏡といふ。其の色青緑にして黄色を含む。緑うすく、背面の数寄工稠密にして、文字すべて四十九字有り。古体にして読むべからず。按ずるに、〔鉄鋼珊瑚〕に云伯、漢用小篆隷書。三国隷書とあり、此の書体篆《てん》書とあり、此書体篆の如きあり、亦隷の如きあり、又、楷の如きもありて、怡土郡三雲村にて土中より掘出ししものと形状よく似たり。漢魏の古物なること自明なり。然る時は寺僧伝ふる所古伝ならんか。また宋板〔三国史〕に、船三艘に鏡をつみて皇国に贈りし事ありと或《あるひと》いへり。その一面にや。二千年に垂《なんなん》として詳らかにならず。

或る説に、上古、応神天皇、日高郡より大和国に赴ける時の行宮の地なるを以て後人祠《ほこら》を建てて祀れるならんといへり。何の御代より石清水の領となれるにか。当社を隅田の別宮と称し、男山より政所《まんどころ》を置かれて、鳥羽天皇の保安年中、隅田党のうち藤原忠村といふ人をして、此の神の加護を祈れる事績、旧記及び口碑に残れり。南北朝の間には、寄付の神田少なからず。其頃の諭旨・院宣、今なほ多く伝ふ。其他、永禄年間焼亡して、いにしえへを考ふべきものなし。

『紀伊国名所図会』の三年後に刊行された仁井田好古《こうこ》の『紀伊続風土記』(巻之四六　伊都郡第五)によると隅田の地名について次のように書かれている。仁井田好古は『紀伊国名所図会』の加納諸平より二六歳年長の和歌山藩の儒者である。

此の地紀ノ川上にて郡の上頭にあり。故に名となす。隅田は古くは万葉集に角田川原と出たり。粉河寺縁起に寛平元年の事を記して隅田荘の名あり。この荘名の物に見えたる始めなり。隅田の名義を考ふるに郡中の東北隅にある地なるより起これるにて隅田《スミダ》と書るを正義とすへし（今須駄と唱ふるは中略なり）。

◆占出山の掛け物

ところで考古学者として著名な森浩一（一九二八―二〇一三）の『交差の日本史』という本のなかに「祇園祭と隅田八幡宮の銅鏡」というエッセイが収録されている。ある若手の考古学者から「祇園祭巡行の山に、隅田八幡宮の掛け物を使っています」と教えられた森浩一は、もと南蛮寺にあった姥柳町に近い錦小路通室町東入ルの占出山《うらで》でその掛け物を実際に見たのであった。

森浩一によると、占出山とは鮎釣山の別名があるように神功皇后の故事に由来しているという。しかしどうして占出山の飾り物の一つとして隅田八幡宮の銅鏡の文様が使われているのだろうかというのが森浩一の疑問であった。

森浩一が驚いたのは、『紀伊国名所図会』の銅鏡の絵と占出山の掛け物とは上下左右の位置など見事に符合していることであった。占出山の掛け物が『紀伊国名所図会』によって作られたのは紛れもない事実であったからである。この鏡の模写図左下の「広隆模写」というサインからもわかるように、岩瀬広隆が描いたものであった。

岩瀬広隆の模写図（『紀伊名所図会』より

広隆は文化五年（一八〇八）京都で生まれ、のち和歌山で活躍した画師であった。占出山の絵が『紀伊国名所図会』の挿絵を拡大したものか、それとは別に広隆から原図を入手したのか森浩一にもわからない。いずれにしても幕末から明治初めの京都人が、『紀伊国名所図会』を見て、占出山の飾り物の一つに加えたという知識欲に森浩一は驚いたのである。

◇隅田八幡神社の祭神

誉田別《ほむたわけ》尊、足仲彦《たらしかなつひこ》尊、息長足《おきながたらし》姫尊（神功皇后）、丹生都比売《にふつひめ》命、瀬織津比売《せおりつひめ》命が隅田八幡神社の祭神である。誉田別は応神天皇、足仲彦は仲哀天皇、息長足姫は神功皇后の和風諡号でいずれも「記紀」に登場する天皇と后である。

応神天皇は仲哀天皇と神功皇后の子である。丹生都比売は紀ノ川左岸の慈尊院辺りを起点とする高野山《こうやさん》町石道を南西五キロほど登った伊都郡かつらぎ町上天野の丹生都比売神社の祭神である。「丹」は朱沙のことで、その鉱脈のある所のことを「丹生」という。朱沙はそのまま朱色の顔料となり、精製すると水銀がとれる。

この丹生都比売神社は『今昔物語』によると密教の道場を探していた空海の前に「南山の犬飼」という猟師が現われて高野山へ先導したという記述があるが、南山の犬飼は猟師明神と呼ばれ、後には丹生都比売神社の祭神である高野御子大神と同一視されるようになったという。もう一つの女神瀬織津比女は穢れと戦いの神とともに水と桜の神である。

黄泉の国から帰ったイザナキは、「上の瀬は瀬速し、下つ瀬は瀬弱し」と言って、着ていた物を脱ぎ捨て中の瀬で洗い流して生まれた神が八十禍津日神《やそまがいひのかみ》である。その八十禍津日神が瀬織津比女といわれている。

◈『隅田八幡宮由来略記』

『和歌山県史　中世史料二』（和歌山県史編纂委員会編、和歌山県、一九七八年）の年紀をもつ『隅田八幡宮由来略記』に「誉田別とともに筑前国から紀伊国衣奈《よな》浦を経て大和国に行幸する途中、当地に留まった由縁で貞観元年（八五九。天皇は清和、太政大臣藤原義房）八幡神を勧請《かんぜい》したのが創祀という」とある。そしてその冒頭は次のような文で始まる。

夫《そ》れ八幡大菩薩は、人皇第一六代の帝応神天皇の霊神なり、御父は第一四代の帝仲哀天皇、御母君は第一五代の神功皇后なり、仲哀天皇の在位九箇年の後、新羅の西狄日本に背くよし聞こえければ、皇后御懐妊の御座しますといへとも、異国の征伐に赴かせ給ふ、時に諏訪・住吉・高良等の現人神達つく副住せたまひて、終に異賊を従え本朝に帰らせ給う時、筑前の国において御産ありければ、其処を宇美の庄と名け、其行宮を宇美の宮といふ、其時御誕生の皇子御位に即せ給ふ応神天皇と称号し奉る。

隅田八幡神社の「由緒」がいつ頃現在のようになったのか定かではないが、「由緒」が『隅田八幡宮由来略記』をベースにしていることは明らかである。『隅田八幡宮由来略記』は第一〇代将軍徳川家治の天明五年（一七八五）に刊行されたというから、『紀伊国名所図会』より、五二年ほど早く刊行されていることになる。

『隅田八幡宮由来略記』に「応神天皇が武内宿禰に供奉されて、筑前国から紀伊日高の衣奈浦を経て大和に赴く途中、この地に滞留されたことにちなんで云々」とある。しかし、武内宿禰は『日本書紀』がつくった架空の人物であるが、応神（昆支・倭王武）は実在の人物である。すでに述べたように欽明天皇ことワカタケル大王（稲荷山鉄剣銘文）は、昆支（倭王武）の晩年の子である。辛亥のクーデター（五三一年）を経た六世紀の後半、欽明ことワカタケル大王は父昆支大王を建国の主として全国に祭った。それが応神＝八幡神となった。

するとこの『隅田八幡宮由来略記』は荒唐無稽の話として無下に捨て去るわけにはいかない。河内国誉田八幡宮の社伝では、欽明天皇が新羅に滅ぼされた任那の再興を祈念して誉田陵の後円部頂上に小社殿を建立したのを創始としている。八幡社の多くは欽明天皇の時代の創建と伝えられているが、『隅田八幡宮由来略記』には欽明天皇創建の話は見えない。

ちなみに『日本書紀』欽明天皇三二年（五七一）四月一五日条に次のように任那のことが書かれているが、八幡神のことは書かれていない。『日本書紀』編纂者はワカタケル大王の五三一年の辛亥のクーデターを完全に隠すと同時に、八幡神の正体も隠している。

天皇（欽明）は病気なった。皇太子（敏達）は外出していて不在だった。天皇は皇太子を駅馬で呼んで寝室に召しいれた。「私は重病である。後のことはお前に任せる。お前は新羅を討って任那を建てよ。乱れていた両国の仲を一新して、また、かつてのように、夫婦のような間柄になれれば死んでも思い残すことはない。

2　伝世か埋葬か

◇鏡の所有者はだれか

ところで隅田八幡鏡人物画像鏡の銘文にあるように、鏡は日十大王（昆支）の五〇三年に百済の武寧王から忍坂《おしさか》宮にいた男弟王（継体）に贈られたことは確かである。であれば、継体天皇の死後（五三一）は継体天皇の遺体とともに副葬されたか、すでに継体の子安閑・宣化のいずれかに渡されていたと考えることができる。

しかし継体の死と同時に安閑・宣化もワカタケル＝欽明による辛亥（五三一）のクーデターで殺害されたというれっきとした疑いもある（『百済新撰』）。その場合、鏡は安閑・宣化でなく欽明の所有になったことも充分考えられる。

応神天皇や神功皇后に関する伝説はおしなべて他の伝説と同じように「記紀」に基づいていてい

る。しかし応神天皇が倭国に渡来した百済蓋鹵王の弟にして左賢王昆支であり、昆支（倭王武）が六世紀初頭に築造された古墳と推定される羽曳野《はびきの》の誉田陵（伝応神陵）に埋葬されたのであれば、応神天皇に関する数々の伝説を根拠なきものとして除外するわけにはいかない。

「記紀」そのものは架空の神功皇后を作って邪馬台国の女王卑弥呼に見せかけ、百済から渡来した左賢王昆支を完全に隠蔽し、日本古代史上最大のクーデター、すなわち昆支大王晩年の子ワカタケル（倭王武の子）による辛亥（五三一）のクーデターをなかったことにし、応神（日十大王）の弟継体天皇（男弟王）の出自を徹底的に不確かなものにしようと意図した史書である。

◈『季刊邪馬台国』特集号

次に四八字の文字が刻まれた隅田八幡人物画像鏡が隅田八幡神社の近くで発見されたという江戸時代末期の驚くべき話を取り上げることにする。私の手許に一冊の手書きの冊子がある。二〇〇七年一二月中旬に橋本市妻在住の守岡宣行氏から取り寄せたものである。

『国宝人物画像鏡の出土地「妻之古墳」の研究』というタイトルで、著者は「和歌山県橋本町教育委員会　生地亀三郎」とある。この史料を知るきっかけは古代史研究家として斬新かつユニークな研究をしている安本美典氏が編集発行している『季刊・邪馬台国』（九二号、二〇〇六年七月発行）が「隅田八幡神社の人物画像鏡銘文の徹底的研究」と題して特集を組んだからである。

私は『季刊・邪馬台国』の特集記事をたよりに橋本市教育委員会の大岡康之氏から守岡氏の連絡先を教えてもらい、直接本人に電話をいれて冊子のコピーを送ってもらうことにした。当初、私は日本古代史を根幹から揺るがす史料がこれほど簡単に入手できるとは思ってもいなかった。ところが依頼した資料は約束どおり、一週間後の一二月一九日に到着した。

大型の封筒のなかには、生地亀三郎『国宝人物画像鏡の出土地「妻の古墳」の研究』のコピーと守岡氏の私への手紙と守岡氏の長年の研究課題であった「妻の古墳」に関する論文など三点が入っていた。守岡宣行氏の執筆した「妻の古墳」は四枚の地図と約二〇頁からなるA四判の冊子であったが、手紙によると未発表ということであった。

◈『はにわ誕生』

守岡氏から取り寄せた資料を手にしてはじめて、和歌山県橋本町教育委員会の生地《おいじ》亀三郎が『国宝人物画像鏡の出土地「妻の古墳」の研究』を書き上げたのは、昭和二九年（一九五四）一月であることが知った。昭和二九年の一月二日皇居参賀は三八万人といわれ、二重橋付近が大混乱となり一六人の死者がでた。私がこの日を忘れられないのは中学一年生の時母の付き添いでその現場であぶなく圧死寸前の危機に遭遇したからだ。

ところで、ふつう市販の本には「奥付」と称する著者略歴、書名・刊行年月日・著者・発行者名・出版社名・版元の所在地・電話番号などが明記されるのが原則である。しかし『国宝人物画像鏡の出土地「妻の古墳」の研究』は、もとより市販の出版物として計画されたものでないことは手書きのガリ版印刷であることからも明らかである。

おそらく原稿は昭和二九年（一九五四）一月には脱稿し、その二、三ヵ月後には周辺の関係者、研究者仲間、地元和歌山県の教育関係者に配布されたのだろう。また、この冊子の執筆には有力な協力者がいて、その協力者は国学院大学大学院副手金谷克己と冊子の末尾に書かれている。また生地亀三郎には金谷克己との共著『紀伊の古墳』（綜芸社内、紀伊考古学研究会発行、昭和三〇年（一九五五））があり、金谷克己にも『はにわ誕生』（講談社、昭和三七年（一九六二）一月）という著作があることがわかった。

その後、古本で入手した『はにわ誕生』のカバー表の袖（上・下段）に「類書を越えた埴輪研究書」（国学院大学教授・大場磐雄）、「異彩を放つ金谷君の研究」（文化財調査官・斎藤忠）という推薦の言葉があり、カバー裏の袖には写真付きの著者金谷克己の紹介記事がある。それによれば次のように書かれている。

> 氏は大正一二年「奈良県に生まれた旧制五条中学を出、国学院大学では大場磐雄・樋口清之両博士の下で研鑽を重ねた。毎年、休暇を待ちかねるように全国に旅行して埴輪発掘に学生たちと一緒に汗を流した。その研究成果は金谷報告として学界の注目を浴びていたが、昨年夏、不幸なある事件により急死された。既書に考古学図説（橿原考古学研究所）・紀伊の古墳（日本考古学研究所）・埴輪考（いぶき社）等がある。（傍点は林、以下同じ）

『はにわ誕生』の著者「あとがき」には「この本を書くにあたっては、先学の業績を参考にさせていただいたことは、もちろんだし、いろいろな本から転載した写真や図面も少なくないが、その一つ一つを本文中にあげるわけにはいかなかった」「昭和三六年七月九日・金谷克己」とある。

また「追いがき」として、金谷克己の指導教授大場磐男の追悼文（昭和三六年一二月）は「金谷君の急逝は全く思いがけないことで、関係者一同の驚きと悲しみは言うべきもなかったが、特に生前情熱を傾けて執筆中であった本書については、直ちに善後策が打ち合わされた結果、その刊行を実現することが、故人の霊に対する第一の手向であると決し、友人小出義治君をはじめ下津谷達男・寺村光晴らの諸君が鋭意と衝にあたって進行させ、辛うじて刊行の運びにいたったのである」とある。

またもう一つの金谷克己の妻金谷庚子の謝意を込めた「追いがき」は次の通りである。

本書の出版を目前にして主人は九月一五日、思いがけぬ事故により急逝しました。それにしても生前研究しておりました学問も花を咲かせ実を結ばせることも出来ず、水泡と化してはあまりにもふびんで何とかして世に出したいと念願しておりました。短い生涯の遺稿が皆さまの並々ならぬ御尽力により出版の運びとなりました。本書の出版を待ち望んでおりました主人も、地下でどんなに満足していることで御座いましょう。私の喜びもこれに過ぎるものはございません。

最後に絶大の御尽力を頂きました国学院大学大場磐雄・樋口清之両博士や関西大学末永雅雄・文部省斎藤忠博士ならびに小松敬弘・小出義治・下津谷達男・寺村光晴・江原昭善・鈴木正彦・林陸朗・馬場依子、写真撮影して下さった矢沢邑一、カット、資料製図をして下さった前島隆等の諸氏、宮崎正義・小林勝美両学生に対し謝意をささげて遺稿を世に送ることばといたします。（昭和三六年一二月　金谷庚子）

大場磐雄と金谷克己の妻庚子の「思いがけない急逝」という言葉に不審を持った私は、妻庚子の「追いがき」に登場する金谷克己の学級仲間の一人と思われる下津谷達男氏に連絡をとり、氏の講演先の文化センターで面談し、金谷克己の突然に死について知っていることを教えてほしいと懇願した。氏は「金谷克己と学究仲間であることはその通りだが、その死についてはよく知らない。数人の者に聞いて返事をする」との答えであったが、一週間後、知っている者はいなかったという連絡であった。下津谷達男氏とは昨年まで賀状の交換をしている。

しかしよくよく考えてみると、下津谷達男氏と会ったのは『はにわ誕生』の入手前であることに気がついた。私は金谷克己の死に不審をもつようになったのは、生地《おいじ》亀三郎の手書きの冊子『国宝人物画像鏡の出土地「妻の古墳」の研究』のコピーを送ってくれた橋本市在中の守岡信之氏の言葉がきっかけであった。守岡氏に橋本市の「妻の古墳」に案内してもらったときである。

というのは当時、肝心の〝冊子〟の著者であり、橋本市の教育委員会の職務に深く携わったはずの生地亀三郎の所在は守岡氏にも全くわからなかった。私の執拗な質問に「生地亀三郎の村の評判はよくなかった」と守岡氏。金谷克己については「実は金谷克己は旅館の仲居に殺されたと聞いている」と守岡氏。当時、私は氏の言葉を話し半分で聞いていた。

当時私は『はにわ誕生』は入手していなかったし、守岡氏や国学院大学の学究仲間である下津谷達男氏に金谷克己の不審な死について話すことができるはずはなかった。だからこそ私は下津谷達男氏に気軽に問いただすことができたのだろう。

先述したように金谷克己の『はにわ誕生』の大場磐雄と妻金谷庚子の「追いがき」から、大場磐雄は折口信夫の影響をうけた国学院大学の考古・民俗学の現役の教授であり、先輩の研究者に八幡神の研究で著名な宮地直一博士がいることや、大場磐雄と金谷庚子の「追いがき」の日付は「昭和三六年一二月」とあり、二人とも同じ一二月であることを知ることができた。

金谷克己の突然死の前後を時系列にすると、金谷克己は一九六一年（昭和三六）七月九日『はにわ誕生』脱稿の「あとがき」を書き、その二ヵ月後の九月一五日に急死。同年一二月大場磐雄と金谷克己の妻庚子が「追いがき」としてそれぞれ「追悼」と「謝意」の言葉を述べ、その翌年の一九六二年一月三〇日『はにわ誕生』が発売される。

当初、私は日本古代史を根底からひっくり返す力をもつ隅田八幡鏡の調査・研究に携わった生地亀三郎と金谷克己は何か政治的テロに類する事件に遭遇したのではないかと、漠然と思っていた。生地亀三郎の消息はいまだに知ることができないでいるが、金谷克己については私が調べた範囲で後述する。

◇「出雲と大和」の展示展

話がかわって、新型コロナによる死者の報道がされた二〇二〇年一月二〇日の五日後の一月二五日の日曜日、私は上野国立博物館の「出雲と大和」の展示展を見に行った。案の定、会場は立錐の余地がないほどの混雑であった。私はカタログ（A四判、価格二五〇〇円）だけ買って早々に引き上げた。それから「癸未年鏡」すなわち国宝隅田八幡人物画像鏡を常時展示している考古館に移動した。

こちらのほうは私一人で他に誰もいない。多数の三角縁神獣鏡のなかにようやく肝心の隅田八幡鏡を見つけたが、何となく苛立って落ち着かない。落ち着かない理由の一つは、五年前に見た説明も消えていることにあった。五年前に見た説明文とは次の通りである。

> 中国製の画像鏡をまねた国産鏡です。外区に「大王年」などの文字を含む四八文字の銘文があります。「乎弟王」や「意柴沙加」といった大王や宮の名が見られる文字により、古くから「記紀」との関連についての議論があり、製作年代もさまざまな説があります。

もう一つ不愉快なことは「出雲と大和」のカタログに「ヤマトから日本へ――古代国家の成立」と題する東野治之の解説にあった。その解説は次の通りである。

ヤマトはもともと王権の中心にあった奈良県東南部、現在の桜井市に属する小さな地域を指す地名であった。今も大和神社のあるあたりである。王権の支配が広がるにつれ、その中心だったヤマトの地名は、しだいに奈良盆地全体におよぶようになる。さらにその支配が関東から九州まで広がった時、ヤマトは国の名となったのである。

この解説が正しいとはとても言えないが、間違っているとも断言できない。ただ石渡信一郎の「日本古代国家は加羅系と百済系の新旧二つの渡来集団によって成立した」という命題を知っている私にはとっても承服できるものではない。しかもカタログの目次に続く関連年表は次のようである。（××年は西暦なし）

〈二三九年〉邪馬台国の卑弥呼、魏に使者を派遣。（××年）卑弥呼が没し、台与が女王になる。（××年）奈良盆地にヤマト政権成立する。（××年）奈良盆地に前方後円墳が築かれる。（××年）古墳の上に埴輪が樹立するようになる。（××年）三角縁神獣鏡や腕輪形石製品が副葬される。（××年）出雲で玉生産が盛んになる。（××年）巨大古墳が各地に築造される。〈四二一年〉倭王讃が宋に使いを送る（××年）。

これではまるでは「邪馬台国の卑弥呼は箸墓古墳の被葬者である」という、今、新聞・テレビが令和天皇即位にちなんで盛んに行っているデモンストレーションに類似する展示会である。

カタログの奥付をみると「特別展　出雲と大和――日本書紀成立一三〇〇年」とある。なるほど！　藤原不比等が死去したのは七二〇年八月三日であり、その同じ年の五月二一日に天武天皇の子舎人親王が日本書紀三〇巻と系図一巻を時の天皇元正に奏上している。

◈日本古代国家を知る宝

ところで上野国立博物館の「出雲と大和」の展示展を見てから間もなく、考古館の隅田八幡人物画像鏡と無縁ではありえない金谷克明の突然の死は、政治的テロでもなく、病死でもなく、交通事故でもなく、殺傷事件によるものであることを今から六〇年前の「朝・毎・読」の縮刷版と『週刊誌サンデー毎日』から知ることができた。

この殺傷事件は被害者金谷克己の親族、友人、仕事仲間はもちろん、加害者佐田愛子の親族、友人、仕事仲間もいる。考古学学界（会）や古代史学会、歴史学者、そして隅田八幡鏡銘文の解読に関与した在野の研究者、金谷克己が生まれた奈良県、郷里の五條市の教育関係者にも大きな衝撃を与えたことは間違いない。それにしてもその死因は重苦しい沈黙によって戦後六〇年間抑圧されている。

沈黙を辞書で引くと「黙る・押し黙る・黙らせる・無言・黙示・暗黙・黙秘・緘黙・噤む・緘口・言わず語らず・不言・絶句・ノーコメント」とあり、言ってみればタブーの世界、すなわち〝触れるべからず〟の特殊な事件なのである。

それだけに私はよほどのことがない限り迂闊《うかつ》に死因の事実を第三者の私の口から公表するの

は差し支えたいと思っていた。この殺傷事件による死にはそれまでにいたる想像に絶する複雑な経緯があり、裁判があり、意見書があり、結審がある。加害者と被害者の親族がいる。そしてそれぞれの人権がある。

ちなみに隅田八幡鏡銘文論争で正解に近い論文（癸未年＝五〇三年説）を書いた数少ない研究者の一人で明治二八年（一九〇五）生まれの、昭和五一年（一九七六）に亡くなった藪田《やぶた》嘉一郎という出版人がいる。

この人は在野の研究者というより、京都大学史学科を中退して編集者となり、京都で美術史関係の編集にたずさわり、名古屋の地で総芸舎という出版社を創立し、金石文に関する学術的な本を自分で書いて自分の出版社から数冊出している。

生地亀三郎と金谷克己共著の『紀伊の古墳』（一九五五年）も藪田嘉一郎の企画・出版であった。松本清張（一八九九―一九七五）は藪田嘉一郎（一九〇五―一九七六）の書いたものを信頼し、二人の付き合いは藪田が亡くなるまで続いたと言われている。すると藪田嘉一郎も松本清張も金谷克己の突然の死を知らないわけがない。

何故ならば橋本市隅田で出土したという問題の金石文「隅田八幡人物画像鏡銘文」の解明になみなみならぬ関心をもっていた藪田嘉一郎や松本清張は、金谷克己が橋本市に隣接する五條市で生まれ、新進気鋭の考古学者に成長したことを知っていたはずである。ジャーナリストであり作家であるこの二人さえ沈黙している。

しかし隅田八幡人物画像鏡とその四八字の銘文は、日本古代国家の成立と東アジアの歴史の根幹を物語っている。その解明に関与した金谷克己を佐田愛子とのスキャンダルに終らせたくはない。そのため私は事実を事実として報道する新聞ジャーナリズムの精神にのっとって可能なかぎり二人の出身地を実名で明らかにする。しかも先に述べたように日本古代史と東アジアの歴史を顕わにする国宝隅田八幡鏡は、未だにその価値が正当に認められていないからである。

そこで私は都立中央図書館で金谷克己が思いがけない事故でなくなったという昭和三六年（一九六一）九月一五日を新聞縮刷版で調べてみることにした。都立中央図書館一階には全国の新聞と戦前戦後の新聞縮刷版が開架式になっているので、手軽にみることができるからである。まず、朝日新聞縮刷版昭和三六年（一九六一）九月一六日号から引用する。〃大学講師を刺殺〃〃結婚話に敗れた愛人〃の見出し。内容は次の通りである。

【相模原】一五日午後三時ごろ、神奈川県相模原市上鶴間四〇四二相模女子大講師金谷克己さん（三八）は自宅で、奈良県大和郡山市九条松ヶ丘一〇無職佐田愛子に長さ二センチの細身の包丁でわき腹を刺され、近くの米陸軍病院で手当てを受けたが、間もなく死んだ。

同署の調べでは二人は一〇年前から交際し、三三年ごろに結婚する約束であったが、金谷さんは別の女性と結婚した。このためこの日佐田は父親と弟の三人で郷里からやって来て、現在の妻と離婚し、改めて自分と結婚してくれと迫ったが、金谷さんにその気がないことが分かったので、父親と話し中の金谷さんの背後から刺したらしい。佐田は凶器をボストンバックに入れてもってきたという。

続いて読売新聞縮刷版昭和三六年九月一六日号の〝女子大講師刺し殺す〟〝結婚話こじれた女性〟からその概要を紹介する。内容は朝日とはほぼ同じだが、殺人現行犯で逮捕された佐田愛子は奈良県出身で同県宇陀郡坂合部中学校の教師であった。愛子は郷里で金谷克己と知り合い婚約していた。次に毎日新聞昭和三六年九月一六日号の〝一〇年の恋、死の終幕〟〝教育者同士、結婚断られ女が刺す〟も朝・読とほぼ同じだが、二人の出身地や犯行現場についてはより具体的である。次にそのまま引用する。

二人は同郷の奈良市五条市二見の出身で、一〇年前佐田が同県宇陀坂合部村で中学の教師をしていたとき、東京の国学院大学の講師をしていた金谷さんと恋愛をし、結婚の約束をして付き合っていた。佐田は金谷克己さんが博士になるまではと仕送りをしていた。金谷さんが四年前に結婚後、佐田は家庭裁判所に問題を持ち込んだが解決せず、その後も妻と別れて結婚するように迫ったが断わられ、一五日、父親と弟の太市さんとともに上京、金谷さん宅で約束不履行と慰謝料の件を責めた。しかし五万円しか出せぬとの話でカッとなり、奈良県から持参した三〇チセンの包丁で刺したもの。刺したあと愛子は金谷さんを病院に連れ、自分も手に傷をしているので手当を受け、午後四時ごろ殺人容疑で逮捕された。

さらに私は毎日新聞はこの事件に詳しいと判断して、同年同月九月二一日号の『サンデー毎日』に掲載された〝恋の執念、一〇年の決算〟〝結婚を破談された女教員の凶行〟という見出しを発見した。約二五〇〇字の分量である。冒頭部分のみ次に引用する。

神奈川県相模原市の教育委員会では、九月二一日から市内下溝、谷ヶ原にある古墳を国学院大学学生一〇人の力を借り、同校の先輩で相模原女子大学考古学講師、金谷克己氏（三八）の指導で発掘することになっていた。その打ち合わせのため一五日、市社会教育課長の田所氏が同市鶴間四〇四二の金谷さん宅を訪問したのは、午後二時半ごろのことだった。

玄関には履物が並び、大勢の訪問客があるらしく、ステテコ一枚の軽装で玄関に出てきた金谷氏は「いま家の中で取り込みがあるので失礼ですが、後日、大学でお会いしたい」といった。ひどく疲れている様子だった。その時、金谷氏は、朝の八時から愛人に結婚不履行を六時間にわたってヒザ詰談判されていたのである。そして、田所氏が辞去した三〇分後に、金谷氏がその訪問客、佐田愛子（三九）＝奈良県大和郡山市九条松ヶ丘＝に刺し殺されたのである。

後日（二〇二〇年八月一四日）、奈良県立情報図書館のNさんから読売新聞全国版（一九六一年九月一六日朝刊、一一面）と読売新聞神奈川県版（一九六一年九月一六日朝刊、一二面）と

読売新聞神奈川県版（一九六一年一〇月一日朝刊、一二面）の記事三点が届いた。その内の一〇月一日の神奈川県版の見出しが〝犯人の供述ウソ〟〝被害者の父親、地検に意見書〟の一部を次に紹介する。

【五条発】一人息子が殺された老夫婦が「死者の名誉を傷つける犯人の供述はでたらめだ。死者にも人権がある」として三〇日、意見書の証拠書類を添え取り調べにあたっている横浜地検へ送付した。この老夫婦は奈良県五条市堺筋町、洋画家金谷政太郎さん（七〇）とフミ（六五）である。（以下、略）

これら三点の記事は、Nさんから受け取った二日前の八月一二日の午前中に朝・毎・読とサンデー毎日に掲載された金谷克己殺傷事件をかいつまんで説明して、「一九六一年九月一五日以降の奈良新聞に掲載されているかどうか調べてほしい」という私の依頼に対するNさんからの回答であった。私の関心は奈良新聞に掲載されたのか、されなかったのかが最大の関心事であった。案の定、Nさんは奈良新聞に金谷克己殺傷事件の記事は見つけることができなかった。そのことは私の想定内であった。

一九六一年（昭和三六年）は、日米安保改定阻止運動（安保闘争）も沈静化し、岸信介の内閣から第一次池田勇人内閣に代わり、日本は高度経済成長の時代に突入した年であった。世界はフルシチョフやケネディやカストロが登場し、ガガーリンは宇宙飛行士となった。こんな中、愛と恋をめぐる金谷克己殺傷事件はごく小さな事件かもしれない。私は奈良新聞に金谷殺傷事件の記事がなかったことを確認できただけで安堵した。

しかし一人一人の人間にとって恋と愛ほど大切なものはない。その意味で奈良新聞は勇気をもって殺傷事件を取り上げるべきであった。しかし事が身近になるほど善と悪の区別をするのはややこしい。公立図書館のパブリックな業務とはいえ、私のやっかいな依頼に対して奈良県立情報図書館のNさんの迅速かつ誠実な対応は晴れ晴れしく、私は心からうれしく感謝した。当時、映画『パブリック図書館の奇蹟』を見て感激した時でもあり、なおさらであった。

3 国宝隅田八幡鏡の出土地

それでは生地亀三郎の調査・研究に当時まだ二三、四歳の大学院生金谷克己（一九二三―一九六二）が協力して完成した『国宝人物画像鏡の出土地「妻の古墳」の研究』（一九五七年）を取り上げることにする。しかしこの冊子は約一万八〇〇〇字の小論文なみの分量なので、紙面の都合上必要な部分を抜粋してお伝えする。

詳細を知りたい方は、『季刊邪馬台国』（第九二号、二〇〇六年七月発行）か、拙著『隅田八幡鏡』をご覧いただきたい。しかしこの二書も『国宝人物画像鏡の出土地「妻の古墳」の研究』

に関しては抄録であることをお断りしておく。なお、隅田八幡鏡に関する約三〇人前後の著者それぞれの文献が掲載されている『ゼミナール日本古代史』（下巻、光文社刊）を参照されたい。

◇椿の森＝天王の森

古来、和歌山県伊都郡橋本町大字妻に椿の森というのが伝わっている。椿の森という名がどうして伝わったかというと、『紀伊国名所図会』に「又、当村中に椿の森といふあり、今はわずかに塚の形のみ残れり」とある。『紀伊続風土記』には「椿の森は妻村阿弥陀塚の南東のほうにあり旧椿樹ありしといふ」とあって、阿弥陀塚は橋本大字妻十五番地東重次郎氏宅の西側の畑に現存している。

口碑によれば、阿弥陀寺が火事で全焼した時、里人が本尊や仏像、位牌等の灰を粗末にしてはもったいないと一ヵ所に集めて埋めたものであるという。この阿弥陀塚の南東の方、すなわち南東といえば、現在、天王の森と称している森である。

『紀伊国名所図会』には「当村中に椿の森といふあり今はわずかに塚の形のみ残れり」とある。東正一氏祖父喜三郎が記した妻誌に「椿の森は東西五間南北三間面積十五坪本村の南字東垣内にあり田畔小塚にして樹木なく小祠あり、之を天神といふ」とある。

これらの記録によると、椿の森と称せられた所は現在の天王の森であることは明らかであろう。これによってその時すでに椿の森の東が掘り取られて、東西五間、南北三間、面積十五坪ほどのところが塚の形をなしていたことも明白である。

◆粘土の中に「カラト」（唐櫃）が……！

この場所は紀ノ川に面したまことに景勝の地であり、現在天神社ならびに弘法大師を祀るコンクリートの塔が建てられ、その東側の橋本大字妻字垣内八番地は約一・五メートル掘り下げられて、百坪あまりの平地となり家屋が二軒建てられている。

口碑を総合してみると、現存する盛土は以前はさらに一メートルほども高く、塚の形をなし、東側は西側よりもさらに広くかつ高く、これが前方後円の古墳であったことを容易に推測できる。

河瀬村の古歌に「土場の河瀬か河瀬の土場か　お伊勢参りの下向よな」がある。これは土場と呼ばれた吉田家の盛大さを歌ったものである。天明の頃、吉田清治郎氏は河瀬村の西端紀ノ川の川岸に分家して、瓦製造を始めた。

清治郎は屋号を土場と称して盛んに神社仏閣の瓦を製造し、紀ノ川の船を利用して紀伊・大和方面に運んだのであった。吉田清治郎の四世孫喜太郎は現在北山姓を名乗っているが、同家には「天保三辰十月　土場喜三郎。瓦師安兵衛」の銘がある瓦が保存されている。

吉田清治郎の長男喜三郎氏の時、妻の小山の土が瓦に適した粘土でできているので、そこから粘土を取ることになった。当時、東儀左衛門氏の三男東直右衛門氏は土場の工場で働いていたのであるが、その粘土の中に石の「カラト」（唐櫃）があって、中から鏡、直刀、土器等が出土したという。

　東直右衛門氏は当時まだ十三、四歳であったので、鏡だけを工場に持ち帰り、米搗臼《こめつきうす》の重りとして臼の先につけてあった様である。後日、粘土を取った跡が池になり、その後埋められて水田と化し、現在では宅地となって民家が建てられている。

◇隅田八幡宮へ献納

　この鏡が後日主人喜三郎の目にとまり、氏神隅田八幡宮へ献納することになった。持参した東直右衛門は領収書と金一封贈られたとの事である。かくして鏡のことが村中の評判となり、土取り作業も中止することになった。

　それからは椿の森と呼ばれていた妻の古墳は天王の森と呼ばれるようになったのである。思うに妻の古墳から鏡を発掘したのは東直右衛門が十三歳の時である。東直右衛門が文政四年（一八二一）生まれであるから天保五年で十四歳になる。従って妻の古墳から鏡を発掘したのは天保五年（一八三四）頃と推定される。

　『紀伊続風土記』に「妻村　田畑高　百七十石二斗八升九合、家数　二四軒、人数八十一人」とあり、天保年間の妻村は専ら農業を営む一寒村で、前記の古事もすべては口碑によって伝えられたものである。しかし、これらの口碑も次にあげる事実からも確なものであることが証明されるはずである。また、妻の古墳から発掘された鏡が米搗臼の重りに使用されていた事については、次ぎのような状況証拠もある。

◇妻村の人たちとその見聞

一、鏡の発掘者である東直右衛門は文政四年生まれで明治三四年死去された方である。

一、東直右衛門が天王の森から鏡を発掘して、隅田八幡宮へ献納したことを東直右衛門氏より直接聞いた川俣ヨシエは、妻村野上三郎氏の娘で、明治六年生まれで、健在である。

一、東直右衛門の孫東重次郎は明治十二年生まれで健在である。重次郎は、天王の森から東直右衛門が鏡を発掘して、隅田八幡宮へ献納した話を祖母スエからいつも聞かされていた。同氏は素朴な人格者である。

一、東重次郎祖母スエは天保四年生まれで、大正十四年死去せられ、大変もの覚えのよい方であり、天王の森の原型や直右衛門が鏡を発掘して隅田八幡宮へ献納したことを常に話していた。

一、東正一の祖母タカは、東直右衛門氏が天王の森から鏡を発掘して、米搗臼の先へつけてあったが、後日隅田八幡宮へ献納した事をいつも語っていた。タカは大正八年三月二十一日八十歳で亡くなった方である。

一、隅田村大字河瀬六一番中岡熊吉は妻の天王の森から鏡が出て、それを隅田八幡宮へ献納した事はよく聞いている、とのことである。中岡は明治十年生まれで健在である。

また、妻の古墳から発掘された鏡が米搗臼の重りに使用されていた事については、次のような状況証拠もある。

一、妻の古墳から発掘された鏡が米搗臼の重りに使用されていたということは橋本町大字妻一帯に共通した口碑である。

一、国宝人物画像鏡は元米搗臼の重りに使用されていたということは隅田村一帯に共通した口碑である。

一、隅田八幡宮宮司寺本福一郎氏は同宮で行われた某家の結婚式終了後、国宝鏡の模型を見せて、この国宝鏡は元米搗臼の重りに使用されていたと説明していた事実がある。

一、国宝人物画像鏡が米搗臼の重りに使用されていたことは中央学界に通じている。

一、本鏡は五百二十匁の重さがあるので、米搗臼の重りに適した目方である（一匁は、三・七五グラムだから、約二キロの重さである）。

一、国宝人物画像鏡は、鏡面に摩擦を有し、側面には何かで叩いた跡のような多くの疵を残して、手荒に取り扱われた跡が歴然としているので、米搗臼の重りに使用されていたことを証明している。

現在、隅田八幡神社の東の山に垂井《たるい》古墳があり、神社の西方一〇〇メートルに八幡神社西古墳があり、かつ神社の裏にある塚は、あるいは遺物塚と伝えられ、あるいは高能寺既往住職の墓であるとの説もある。

しかし、伊都郡九度山町の真田幸村の抜け穴であると信じられていたのが、古墳であったように、隅田八幡神社の裏にある塚もこの地方における豪族の古墳と考えるのが妥当でないだろうか。

古墳が今に至るも隅田八幡神社の聖地として、里人から尊敬されていることは、古墳被葬者の御威徳のいたすところである。国宝人物画像鏡は天保五年ごろ、妻の古墳から発掘され、天保六年ごろ隅田八幡神社に献納、大正三年高橋健自博士によってわが国最古の金文であることを明らかにされ、大正五年国宝の指定を受け、昭和二十六年改めて国宝に指定されたのである。

以上、万葉集にゆかりのある妻の古墳はこの分野で著名な人物画像鏡を出土した場所であると考えられるが、本鏡と阿知使主《あちのおみ》との塚の関連について、なお研究を続け、後日の完成を期するものである。

稿を終わるにあたり、国学院大学大学院副手金谷克己氏の御援助に対し深甚の謝意を表するとともに、過去六年間にわたり種々のご配慮賜りし東重次郎氏はじめ各位に対し心からなる感謝の意を呈する。

昭和二十九年一月

◇宮地直一博士の調査

国学院大学の教授にして神道学者の西田長男は、生地亀三郎の『国宝人物画像鏡の出土地「妻の古墳」の研究』の要旨を『大倉山論集』の第二号（一九五三年）と第三号（一九五四）の「隅田八幡神社の画像鏡の銘文」で紹介しかつ論評した。

西田は「この研究は主として口碑によって綴られた物で、すべてが歴史的事実かどうかはすこぶる疑わしい」と指摘し、「鏡をしばらく米搗臼の重りとしていたというのも、神鏡を臼の居ゑて祭ったという類の伝説の変形したものとも考えられる」と述べている。

しかし生地亀三郎は、この研究論文が「口碑」に基くものである事を否定しているわけではなく、また歴史的事実であると断定しているわけでもない。郷土史家として郷里の伝承が歴史的事実であるかどうか検証しようとしている。

隅田八幡神社側の繰り返して行なわれる「神功皇后三冠を征せ給える時かの土の人皇后に献った鏡」という説明と河瀬の土場から出土した鏡が隅田八幡神社へ献納されたという村の生存者たちの見聞が、どちらがより事実に近いのか疑問を投げかけたのである。

「昭和八年国宝人物画像鏡が隅田八幡神社に伝来したものである事が立証されれば官幣社に昇格するとて内務省宮地直一氏が調査にきて、八幡神社や高能寺や隅田村家について調査をしたが、国宝人物画像鏡が隅田八幡神社に伝来したということが立証できなかった」という生地亀三郎の指摘はいろいろな意味で興味津々である。

というのは当時の宮地直一は内務省神社局の行政官僚であったばかりでなく、隅田八幡神社の調査官として訪れた時は、ちょうど京都大学国史科で神道史の講義を始めたばかりであった。その後、宮地直一は皇典講研所、国学院大学、東京大学などで「神祇史」の教育や研究を行なうほどの有能な学者であった。

昭和一三年、京都大学で行なった宮地直一の「八幡信仰の起源ならびに発達」という講義は宮地直一の学者の地位を不動のものとした。その講義録をまとめた『八幡宮の研究』は古本としての値段は飛び抜けて高価であった。

◈神道学者西田長男の解釈

学者として優れしかも当時の学界に大きな影響を有していた宮地直一博士によって、隅田八幡神社における鏡の伝来を否定されたことは、生地亀三郎には極めて意味のあることであった。妻の古墳から出土した鏡が隅田八幡鏡に献納されたという伝承の信憑性が高まるからである。

西田長男は、『紀伊続風土記』に「隅田八幡鏡は或いは武庫山より奉納された」と記されていることで、妻村の古墳に出土したという説は、本書（『紀伊続風土記』）編纂の当時まだこのことは伝わってなく、鏡が『紀伊続風土記』とか『紀伊国名所図会』とかに紹介されて有名になってから後に造作されたように思えると、にべもない。

しかし、西田長男が福山敏雄や山田孝雄の後に試みた隅田八幡鏡の銘文解読がいかなるものか、次に引用するので読者の見識にまかせようと思う。

癸未年八月日十、大王年、男弟王、在意柴沙加宮時、斯麻念長彦《しまながひこ》遣開中費直・穢人命（穪）州利二人等　取白同百旱、作此鏡

このうち「斯麻念長彦」の「彦」については、高橋博士が「奉」と読まれたのを、福山博士は、このところに「奉長寿」というごとき不穏当なる敬語があるべきでなかろうから、「念長寿」なる吉祥句が慣例的に挿入せられたのであろうと考えられた。しかし「寿」と読むのは如何にも無理のようで、寧ろ「奉」に近いようである。

しかして私は之を「彦」の左文と見た。斯麻念長彦とは、神功皇后紀の四十六年條より五十二年の條に至る記事にたびたび見える千熊長彦であり、また志麻（或いは志摩・斯麻）宿穪である。即ち千熊長彦と斯麻は同一人物である。

上田長男の指摘する斯麻宿穪すなわち千熊長彦なる人物は『日本書紀』神功紀四六年条（二四六年）に登場する人物である。まさに倭の女王卑弥呼の時代である。二三九年、倭女王卑弥呼は大夫難升米を帯方郡に派遣し、その年の一二月に卑弥呼は明帝から銅鏡百枚を授与された。

五一年条の「即年以千熊長彦、副久氏等遣百済国」、また五二年条の「久氏等従千熊長彦茂詣之」などの記事から、西田長男は百済の使人と千熊長彦とは常に密接な関係にあったとする。

そして五二年条の九月十日に、「久氏等」が千熊長彦に従って来朝し、石上神宮に七支刀を奉献したのはまさにこの年であるというのが、西田の考察である。時に壬申の年、百済肖古王二七年、東晋の簡文帝咸安二年であった。西暦でいえば三七二年である。そして西田は次のように隅田八幡鏡銘文の癸未年を推定する。(拙著『干支一運六〇年の天皇記』参照)

此において隅田八幡鏡の銘文の「癸未年八月日十」の干支は、『日本書紀』の神武紀元前二三年癸未、同じく書紀の年紀の仁徳七一年、百済においては肖古王の子仇首《きす》王の九年、西暦では三八三年(癸未)に当り、しかして之を書紀の年紀に就き二運遡らしめてその実年代を求めるならば、実に神功皇后の摂政六三年(二六三、癸未)に当ることはいうまでもない。

これでは、生地亀三郎が『国宝人物画像鏡の出土地「妻の古墳」の研究』の最後の部分で述べた「八・九百年位後に創建されたと推測される隅田八幡神社の境内に神功皇后の馬繋馬松や神社裏の神功皇后の遺物埋葬塚というようなことがありうるだろか」という疑問に応えることにはならない。しかし、もとより西田長男の方が『記紀』の記述を鵜呑みにしているのだから、西田が生地亀三郎の研究を批判することはあっても、許容することはまずありえない。

4　隅田八幡神社の創建

◇在野の研究者日根輝己

天長九年（八三二）天皇が淳和《じゅんな》、左大臣藤原諸嗣《もろつぐ》の時、川原寺は空海に与えられたという。その説は確かなものではないが、当時、空海が平安京と高野山を往復する際の宿舎として使われたというのだから、まんざら嘘とも言えない。橿原神宮から隅田八幡神社のある橋本市まで三〇キロ前後の距離だから、一日で歩けない距離ではない。

宇佐八幡から石清水に八幡大菩薩が勧請されたのが八六〇年である。空海が清和天皇の祖父嵯峨天皇から高野山を賜った弘仁二年（八一六）から四四年目である。隅田八幡神社の境内から高野山が際立ってよく見える。

隅田八幡神社が石清水八幡宮から勧請されたのがそれから二〇〇年後であることを知っている者にとって、空海・嵯峨天皇・藤原良房・紀氏一族の関係と葛藤に思いがはせるのは何故だろうかと思う。藤原氏が隅田八幡神社の創建に大きく絡んでいるのではないかという想像は次の項に譲ることにして、さしあたり「隅田八幡鏡が伝来か、それとも埋葬か」について『謎の画像鏡と紀氏』（然焼社、一九九二年）の著作者日根輝己は次のように指摘している。

隈田八幡神社が創建されたと考えられるのは十世紀後です。応天門の変（八八六年）を境にして、紀氏ら豪族が勢いを失い、藤原氏が権勢を奮えるようになってから、藤原氏の手で隅田の里に八幡宮が勧請されたと思います。いずれにしても、元宮の石清水八幡宮の創建が八五九年ですので、癸未年を五〇三年あるいは最下限の六二三年としても、画像鏡がつくられたときは、隅田八幡神社は建っていなかったのです。神功皇后伝承にからむ神祠のようなものはあったかもしれませんが、社殿を伴なう神社形式が成立するのは奈良時代ですので、隅田八幡人物画像鏡が最初から隅田八幡神社にあったとは考えられません。

◇大高能寺

『紀伊国名所図会』の隅田八幡神社の項に、「三重塔・三昧塔・経蔵・護摩堂　巳上往年烏有す。今廃址あり。別当大高能寺《だいこうのうじ》境内にあり。什宝　寺僧伝えて……」とある。この記事から日根氏は、「神社より寺院の方が古い。ならば隅田八幡人物画像鏡は寺院に収められていた可能性があるのではないか。これなら、完形品だったことの説明もつきます」と指摘している。この日根氏の発言は極めて示唆的である。日根氏はさらに次のように語る。

隅田は現在の行区域では和歌山県域で、隅田八幡鏡は奈良県との境の真土《まつち》峠（奈良御所市・和歌山橋本間の峠。八首の万葉歌がある）から約二キロのところにあります。ところがなぜか、畿内（王都の範囲）を決めた大化改新の詔のなかで「南は兄山《せのやま》（背山）以来」となっていて、現在の行政区域では橋本市伊都郡の紀ノ川北部が畿内に属していたのです。

隅田八幡画像鏡があった隅田八幡神社、同鏡が埋葬されていたのではないかと定説化しつつある陵山古墳《みささぎやま》、それに近年、続々と発掘されつつある白鳳時代の寺院跡は、紀伊国にありながら「畿内」と規定された奇妙な地域のなかにあるのです。このことも隅田八幡画像鏡の謎に深める要素として無視できません。

◇紀伊国最大の円墳陵山古墳

引用文中の「陵山古墳《みささぎやま》」は、ＪＲ橋本駅の北側の高台にある全長約七〇メートル《メートル》の県内最大の円墳だが、隅田八幡神社から西方三キロのところにある。生地亀三郎と金谷克己の『紀伊の古墳』（一九五五年）にも次のように紹介されている。

陵山古墳は庚申山もしくは丸山と呼ばれている。標高約一〇〇メートルの丘陵上に築造された古墳で、面が紀ノ川にそって狭長な河岸平地がのぞんでいるため、その丘端にある古墳の全形は、遠方からも容易に認めることができる。丘上から周囲を眺望すると、西側には谷内側を隔てて丘陵と対峙して閉ざされ、視界は西南方の高野口・九度山両町付近まで、河川の曲折により形成された平地にそって展開する。

陵山古墳の所在地は「橋本市古佐田」だが、妻古墳のあった妻とは隣り合わせの地である。『橋本市史』には「田村将軍塚、紀古佐美の墓などとも昔から語り伝えられてきた」と記され、

『紀伊国名所図会』には次のように書かれている。

あるさがし人は、紀古佐美朝臣の墓ならんむといふ。そは紀伊国を紀氏の拠とし、此地を古佐田村といえば、古佐美田の美を略けるにやという説なり。いと諾《うべな》ひがたし。又ある人は、田村麻呂大宿禰の墓といへり。そは中昔の頃、このあたりに坂上氏多ければ思いよせたるなりけり。

生地亀三郎の『国宝人物画像鏡の出土地「妻の古墳」の研究』によれば、天野神社に残る古文書や万葉集からも都加使主《つかのおみ》の墓である。都加使主は『日本書紀』応神天皇二〇年条に登場する人物である、「二十年の秋九月に、倭漢直《やまとのあたい》が祖《おや》阿知使主《おちのおみ》、その子都加使主、並びに己が党類一七県を率いて来帰《まゐけ》り」とある。倭漢は早くから坂上氏などの氏に分裂していくが、坂上苅田麻呂を父にもつ田村麻呂は倭漢の子孫であることはほぼ間違いない。

隅田八幡鏡が出土した噂のある陵山古墳は、明治三六年（一九〇三）と昭和二七年（一九五二年）の二回にわたって、いずれも地元の有志によって発掘調査が行なわれた。明治三六年の発掘について『和歌山県・考古資料』に次のように書かれている。

鏡は二面出土したというが、模写図が現存するのみである。一面は対置式神獣鏡で一部破損しているが、副葬のとき故意に壊したものか、不明である。模写であるため寸法はわからないが、周縁部に文字が刻まれているようである。もう一面は和鏡で、模写ととみに拓影が残されており、径九センチメートル、鈕の径一・六センチメートルであることはわかる。縁は狭く、垂直に近い角度で立ち上がっている。文様は花草蝶鳥など絵画的な構図である。時代は新しく、副葬品とは考えられない。

対置式神獣鏡とは、正座の神像とその両側に向かい合った二獣からなる三像を配置し、その二組を鈕をはさんで対置させ、三像と三像の間にも一神ないし二神を対置させたものをいう。神像は東王父、西王母、伯牙などが主である。当時の発掘記録が極めて不備であったにせよ、対置式神獣鏡が割れた状態で出土していることは、隅田八幡鏡でないことは明らかである。

日根輝己は「隅田八幡鏡は傷ひとつない完形品です。この一事だけでも。古墳の副葬品とすることに疑問符がついて当然なのですが、これまで書いてきたことで、隅田八幡鏡が陵山古墳の副葬品だった可能性が、まずないことはおわかりいただけたと思います」と語っている。

◇寺院が神社より古い

しかしここで気になることとは、日根輝己が「隅田八幡鏡が傷ひとつない完形品」と言っていることが、生地亀三郎が『国宝人物画像鏡の出土地「妻の古墳」の研究』で、「国宝人物画像鏡は、鏡面に擦疵を有し、側面には何かで叩いた跡のような多くの疵を残して、手荒に取り扱われたる跡歴然と、米搗臼の重しに使用されていた事を証している」と指摘している事と異なることである。

日根輝己が生地亀三郎の『国宝人物画像鏡の出土地「妻の古墳」の研究』を読んでいたかどうかは、日根の『謎の画像鏡と紀氏』からはわからない。おそらく読んでいない可能性が大きい。ということは金谷克己の『はにわ誕生』も読んでいないだろう。といって日根輝己の本の価値が下がるわけではない。

「疵《きず》」のことは別にしても、日根は隅田八幡鏡を完形品すなわち伝世品と考えている。隅田八幡鏡はまず神社に保存されたのではなく、寺院に収められたと日根氏は想定しているからである。次にその想定の根拠について日根輝己が次のように述べている。


そもそも紀伊国であることは明白であるこの地域が、なぜ大化改新の詔《みことのり》の中で、名指しで「畿内にある」とされたのでしょうか。大化改新の主役――中大兄皇子（天智天皇）や中臣鎌足にとって曰《いわ》くある土地だったのか、彼らが滅ぼした蘇我氏にとって聖地だったのか、二つの理由しか考えられません。

大化改新の詔は、中大兄皇子と中臣鎌足が共謀して蘇我入鹿を暗殺し、天皇氏が政治の実権を奪い返した乙巳《いっし》の変（六四五）の翌年、中大兄皇子の手によって発令されたものです。なんらかの理由があったため、「畿内の南限」を大和と紀伊をへだてる山地、紀伊国に大きく食い込んだ「兄山《せやま》以来」としたのだと思います。

もちろん、万葉歌に登場するからといったロマンチックな理由ではなかったと思います。

兄山は、妹山と対称されて歌の世界では有名ですが、和泉山脈のなかの平凡な峰にすぎません。よほど注意しないと見逃すくらいで、行政区域を分けるような山などではないのですから……。そのカギは、隅田にあったと思います。

たしかに「畿内である」という文言は、孝徳天皇大化二年（六四六）の正月の改新の詔に見ることができる。

その二にいう。初めて京《みやこ》をととのえ、畿内国の司・郡司・関塞《せきそこ》・斥候《うかみ》・防人《さきもり》・駅馬・伝馬を置き、鈴と木契《もっけい》を作り、山河によって区画を定めよ。おおよそ京には坊《まち》ごとに長《おさ》一人、四坊に令《うなが》し一人を置いて、戸口を調査し、犯罪を監視することをつかさどれ。その坊令《まちのうながし》には、廉直で剛毅な、仁務に堪えうる者を採用せよ。

里と坊に人材がなければ、隣りの里や坊から選び用いることを許す。おおよそ畿内は、東は名墾《なばり》の横河からこちら、南は紀伊の兄山《せやま》からこちら〔「兄」はここではセという〕、西方は赤石の櫛淵《くしふち》からこちら、北は近江の狭々波《ささなみ》の合坂山《おうさかやま》からこちらを畿内国とする。

『日本書紀』の註釈に兄山は、紀ノ川中流にある和歌山県伊都郡かつらぎ町にある山「背山」とも呼ばれるとある。日根輝己はさらに次のように語る。

隅田は紀ノ川の上流にあり、大和への入口に当ります。奈良時代以前は、小飛鳥と呼んでいいような渡来人の溜まり場でした。大和は盆地の南端（三輪山山麓や飛鳥地方）から拓かれてゆくのは、その辺りが紀ノ川から一番近かったからです。古代にあって紀ノ川河口部は中国や朝鮮に向かって開かれた国際的な港津でした。紀ノ川をさかのぼった渡来人たちは隅田で上陸し、大和に入ったのです。

この頃の隅田の遺跡はまだハッキリと確かめられていませんが、古佐田廃寺（橋本市）、名古曾廃寺（高野口）、佐野廃寺（かつらぎ町）という大寺が、このあたりの紀ノ川両岸に堂塔を競っていたことが近年の発掘調査でわかってきました。七世紀後半から八世紀初頭にかけての白鳳時代（天武天皇時代）のことです。

5　藤原氏の台頭と紀氏の衰退

◇塔が東、金堂が西の法起寺式伽藍

紀ノ川上流のこれら廃寺の多くは法起寺式の寺である。法起寺そのものは奈良県生駒郡斑鳩町岡本にある。かつては岡本寺・池後尼寺《いけじりあまでら》とも呼ばれた。伝承では舒明天皇一〇年の六三八年に山背大兄皇子が寺としたことになっているが、三重塔の露盤名によると寺は天武天皇一三年（六八四）に着工され、文武天皇の慶運三年（七〇六）に完成したとある。

そもそも天智天皇と天武天皇の父舒明（田村皇子）は即位しなかった。推古亡き後の皇位継承をめぐる田村皇子と聖徳太子の長子山背大兄皇子の争いは『日本書紀』にくわしい。法起寺式とは塔が東、金堂が西の伽藍形式の寺である。

かの有名な法隆寺は塔が西、金堂が東になるので法隆寺式伽藍という。中門・塔・金堂・講堂が一直線の大阪の四天王寺は四天王寺式伽藍と呼ばれる。伽藍形式の年代は四天王寺式→法隆寺式→法起寺式の順である。

中国初期の伽藍様式は仏陀を供養する建物を中心に構成されていたが、仏舎利信仰がさかんになるにつれて、仏舎利をまつる仏塔と仏を安置する仏殿（金堂）が独立分離した。そして後、仏塔を中心とする伽藍様式から仏殿を中心とする伽藍に変化したといわれる。日本では飛鳥・白鳳時代にこの区別ははっきりあったのかどうか定かではないが、日本最初の飛鳥寺の場合、塔の左右（東西）に金堂、北に金堂という一塔三金堂の塔中心の思想が強くでている。

「隅田が大化改新の詔《みことのり》で畿内に含まれたことと、寺院が神社より古い」という日根輝己の指摘から話が広がったが、紀ノ川上流両岸に点在する廃寺が法起寺式伽藍であることの背景の一端は理解できる。

事実、これらの寺院跡から出土する軒丸瓦は六葉復弁の川原寺様式のものであるという。紀ノ川右岸のJR高野口駅に近い名古曾廃寺からは三重塔の礎石が発掘され、近くの橋本市神野々《このの》Ｉ《いち》遺跡の礎石は名古曾廃寺のものよりさらに大きいと推定されている。さらに名古曾廃寺の西七キロの佐野《さや》廃寺は東西八一メートル《メートル》、南北一六二メートル《メートル》の壮大な寺域をもつと推定されている。

このようなことから、日根輝己は紀ノ川上流に位置する隅田は、平城京に移る七一〇年前の飛鳥や藤原京への南からの出入口にあったからだと想定し、隅田はおそらく紀氏や中臣氏にとって聖地とも言える地ではなかったかと考えるのである。

事実、紀ノ川上流の諸寺の推移は、藤原氏による弘福寺《ぐふく》（川原寺）の管理化と氏寺興福寺の伸張と無縁ではない。隅田にあった寺院群が法起寺式であったことは、隅田八幡鏡の行方を考えるうえで、大きな意味をもつ。問題なのは藤原氏と隅田八幡神社の関係である。

ちなみにＪＲ和歌山線五條駅の東方五〇〇《メートル》の吉野川（和歌山県から紀伊川）の北岸に藤原不比等の嫡男藤原武智麻呂（南家の祖）によって建てられた栄山寺という菩提寺がある。本堂の右手には八角円堂（国宝）があり、藤原仲麻呂が亡父武智麻呂のために建立したと伝えられているが、正確な建立年については不詳である。

栄山寺は藤原南家の寺として広大な寺領をもっていた。そもそも五條市は古代から歌にも詠まれた歌枕の地であり、金剛山東麓に広がる丘陵地帯に近内《ちかうち》古墳群があり、近内鑵子《かんし》塚古墳という県内最大クラスの円墳もある。また「荒坂瓦窯《がよう》群」と呼ばれる瓦窯《かわらかま》から出土する複弁蓮華文軒丸瓦や重孤文軒平瓦は明日香の川原寺跡出土の瓦に類似すると言われている。

◆摂政藤原義房

円融天皇の第一子で母が藤原兼家の女子詮子《せんし》である一条天皇（在位九八六―一〇一一）は、寛和二年（九八六）、突然出家した花山天皇の跡をついで七歳で即位した。一条天皇は祖父の兼家と叔父の道隆・道兼・道長を摂政関白として三一年間の王朝文化に花を咲かせた。

親子四人による藤原兼家一族は、藤原不比等を父にもつ藤原四兄弟の二男房前を祖とする北家の系譜である。兼家の父は師輔《もろすけ》、その父が忠平、その父は基経、その父が良房である。良房の時世に初めて摂政制度が確立された。摂政とは天皇の代わりに政務を行うことだから、幼年の天皇に対する外戚の影響力が大きくなった。

この良房の父は嵯峨天皇に仕えた藤原冬嗣である。冬嗣の父は内麻呂、内麻呂の父は真楯、真楯の父は藤原四兄弟の二男房前である。良房は淳和・仁明天皇の天長から承和年間にかけて参議・権中納言を経て陸奥按察使、右近衛大将に昇進した。嵯峨天皇の皇女源潔姫を妻とし、皇太子正良親王（後の仁明天皇）の妃となった順子を妹にもつ良房の出世はまさに順風満々であった。

良房が天安元年（八五八）に太政大臣に昇格し、その翌年に孫の惟仁《これひと》親王が清和天皇（在位八五八―八七六）として即位した。そして僧行教によって宇佐八幡宮が石清水男山に勧請されたのは清和天皇が即位した翌年の貞観元年（八五九）の八月であった。

良房がさらに摂政となったのは太政大臣になった九年後の貞観八年（八六六）八月二七日である。清和天皇一八歳の時である。応天門の変が起きたのは、良房が摂政の地位についた翌月の九月二九日であった。「紀氏が応天門以後没落した」という日根輝己の指摘は次の通りである。

◇紀氏の没落

僧紀行教に願いによって石清水八幡宮八幡宮が創建されたのが八五八年。石清水八幡宮八幡宮は、紀氏というより豪族勢力の巻き返しの象徴だったのでしょうか。この時すでに太政大臣と右大臣を握っていた藤原氏は、石清水八幡宮を奪うつもりで紀氏に手柄を譲ったのかもしれません。

紀氏を含め豪族たちの没落が決定的になった「応天門の変」が八六六年、皇居の正門が放火で焼失するという大事件で、今日では藤原氏の陰謀によるものだということになっていますが、紀夏井はじめ藤原氏と対立する豪族の仕業ということにされて、紀氏らは没落するのです。

石清水八幡宮の建立からわずか八年の間に時代は急変します。「豪族の時代」は終わりをつげ藤原氏専横の摂関時代に入るのです。こうした流れから見てみると、隅田がかつて紀氏の本拠の一つだったとしても、隅田八幡神社が紀氏の手で建立されたとは考えられません。

応天門の変で紀氏を追い落とした藤原氏は、神官としての紀氏は認めたけれど石清水八幡宮を手中にし、この時隅田も藤原氏のものとなったと考えられます。そして、九八七年の藤原兼家による御願三昧洞の建立と、隅田の地の石清水八幡宮への寄進となり、そのあとで同宮を本宮とする隅田八幡神社が建立されたと考えるのが妥当だと思うのです。

荘園としては石清水八幡宮領となりましたが、所領は藤原氏にあったことは、隅田八幡神社を中心として結束した地元武士集団・隅田党の頭領が藤原氏だったことからも明らかです。

◈隅田党と藤原忠延

すでに紹介済みの『紀伊国名所図会』に「鳥羽天皇の保安年中、隅田党の藤原忠延という人をして当社の別当職に補せられ、その裔《すえ》連綿としてこの職に任ぜられき」とあるが、「鳥羽天皇の保安年中」というのは、鳥羽天皇の保安元年（一一二〇）から保安四年（一一二三）までの四年間をいう。

この時期は白河院政のときで保安元年一一月は関白藤原忠実が、白河法皇の命じた娘泰子の入内を辞退しながら鳥羽天皇に求められて承諾したので、法皇はこれに激怒して忠実の内覧を停止した。翌年の一月忠実は息子の忠道に関白を譲っている。

しかし忠実の怒りは治まらず、忠実は氏長者の地位を長男の忠通から二男の頼長に与えた。これが原因で藤原氏内部は大きく二つに割れ、保元の乱↓平治の乱↓源平合戦へと連動していく。当時、荘園・所領をめぐる寺社同士、国司と僧徒間の猛烈なる争闘が頻発し、それを鎮圧するための武士団が力を増していた。

一一二七年（天治二年）一〇月、白河法皇と鳥羽上皇は高野詣に出立し、一一月四日に高野御塔を二基供養している。またその翌年一〇月、白河法皇と鳥羽上皇は石清水八幡宮に行幸し、一切経を供養している。またこの頃、興福寺・延暦寺・東大寺・石清水八幡宮間の僧徒、神人らの争いが激化した。

おそらく隅田八幡神社の別当職に任じられた藤村忠延なる人物は、関白藤原忠実の配下の下級貴族であった可能性がある。藤原氏の氏寺である興福寺が隅田八幡神社に近いことからも、藤村忠延は興福寺から派遣されたと考えておかしくはない。

『和歌山県史　中世1』（隅田家文書・葛原文書）によると、「元永元年一〇月八日付隅田八幡宮俗別当職補任符案によれば、石清水八幡宮政所の符によって長（藤原）忠延が俗別当之職に補任されている。元来長氏を称していた藤原忠延は隅田氏の祖といわれ、以後、この俗別当職と公文書は両職として隅田氏が世襲して隅田荘の荘官とともに当社の祭祀権を独占していった」とある。

しかしこれらのことが事実にしても、問題の隅田八幡鏡は当時隅田八幡神社に伝来していたのかどうか、皆目わからない。隅田八幡神社に宮の壇と呼ばれる台地上があることから、ここがかつて大きな古墳であった。

「藤原氏が隅田八幡宮をつくるために、その古墳をつぶしてしまった。隅田八幡宮に最初から隅田八幡画像鏡があったのは、このケースと、先に寺院があって廃寺となったあと隅田八幡神社が保管したケースしか考えられない」と日根輝己は想定する。

終章　皇国日本の誕生

◇物の哀れを知る心

『古事記』が天武天皇の志によって成ったと信じていた本居宣長は、「物の哀れを知る心」について初期の歌論『排蘆小船《あしわけおぶね》』（一七五六年）で、「神代から今に至り、末世の無窮に及ぶまで、読み出る和歌みな、あわれの一言より外なし。伊勢源氏その外あらゆる物語までも、又その本意をたずぬれば、あわれの一言にてこれを弊ふべし」と書いた。宣長はその後の著作『石上《いそのかみ》私淑言《ささめごと》』で「物の哀れを知る心」こそ、日本人のもつアイデンティとした。

中国文学者の吉川孝次郎は、宣長の『源氏物語』をテーマとする「物の哀れを知る心」は、歌学論であるばかりでなく認識論であると指摘した。吉川によれば、宣長の思考の大きな特徴の一つは、善と悪との並存、幸福と不幸の並存、すなわち、「吉善《よごと》」と「凶悪《まがごと》」の並存こそ人間の必然である。

「物の哀れを知る歌の心」を宣長は『古事記』の倭建命《やまとたけるみこと》（以下、ヤマトタケル）の望郷の歌にもその用例を見いだしている。宣長は「ここの文《ふみ》のさまを思うに、阿礼《あれ》此時存在《いき》りと見えたり」と、太安万侶が元明天皇の『古事記』を献上したとき稗田阿礼《ひえだのあれ》は存命していたと考えていた。ちなみにヤマトタケルの漢字表記は『古事記』は倭建命、『日本書紀』は日本武尊である。

しかし本書でも繰り返して述べてきたように、ヤマトタケルは倭の五王「讃・珍・済・興・武」の倭王武、すなわち百済系ヤマト王朝の始祖王となった応神こと昆支大王のモデルである。また倭武はヤマトタケルと読むことができる。

『日本書紀』「景行紀」に書かれているヤマトタケルの東征と熊襲征伐の物語は、倭武（昆支、応神）が高句麗の百済への侵略に対して宋に救援を求めた上表文「東は毛人を征すること五五国、西は衆夷を服すること六六国、渡りて海北を平らぐこと九〇国」を反映している。

では何故、ヤマトタケルは白鳥となって能煩野《のぼの》を飛び立ったのか。『古事記』はヤマトタケルの死を次のように描いている。

美濃の当芸野《たぎの》に着くと、倭建は「こんな風に歩けなくなる前には、空を飛んで行こうと思っていたのに」と嘆いた。それゆえ、この地を名づけて当芸《たぎ》といった。また、少し歩いたがひどく疲れたので杖をついた。それゆえ、その地を杖衝突坂《つえつきさか》という。こうして伊勢の乙津前《おつのさき》の一本松に着いた。そこは以前、東征の途中に食事したところであった。その時忘れた刀がまだそのままあった。

そこで倭建は「尾張に　直《ただ》に向かえる　尾津の崎なる　一つ松　あせを　一つ松　人にありせば　太刀《たち》佩《は》けましを　衣著《きぬき》せましを　一松　あせを」と歌った。そこからさらに先に進み、三重村に着いた。「私の足は三重に曲げた餅のように腫れ曲がってしまった」と倭建が言った。そこを名付けて三重という。また、先に進み能煩野に着いた時、倭建は〝倭《やまと》は　国の真秀《まほ》ろば　たたなづく　青垣《あおがき》　山隠《やまごも》れる　倭《やまと》し美《うるわ》し〟など四つ歌を続けて歌い、息絶えた。

◇皇祖神の言霊

ヤマトタケルが最後に息を引き取ったという能煩野は、いまだ特定されていない。本居宣長の『古事記伝』によると、「この野は、今其の地形を見るに、大方鈴鹿郡の北方は、半《なから》にも過ぎて、皆野なる、その内に村里も数多あり、田畠なる地も多かれども、また遥遥なる処々も多くして、すべては一連の大野にして当郡の東西の極まで渡れる」と、三重県鈴鹿市北方から鈴鹿郡鈴峰村、亀山市かけての野を推定している。宣長自身、その他、いくつかの候補地を挙げている。

市販の『古事記』註釈本や郷土史家による能煩野の推定地は、今も宣長が推定した候補地を越えていない。そもそもヤマトタケルの話は伝説にもとづく創作であって、考古学的に立証しようとしても無理がある。

この地は天武（大海人）が壬申の乱を起したときのいわば牙城であった。天武が「天照大神」を望拝した地は朝明郡迹太川《あさあけのこうりとお》の辺りであった。宣長が「杖衝突坂」について説明した文のなかに天武がアマテラスを遥拝した地「朝明郡」の名が見える。

宣長は『日本書紀』をよく知っていた。にもかかわらず、宣長は「日本書紀が表にたち、古事記が裏になり、私物のように扱われている」と考えた。宣長にとって『古事記』は『日本書紀』とは違い、古《いにしえ》の事を伝えた古の言葉を失っていない書であった。

だからこそ宣長は安万侶が語る阿礼の誦習《しょうしゅう》を信じて疑わなかった。宣長にとって旧辞とは天武天皇が語るそのままに阿礼が誦習したものであった。わが国の文学の始まりを祝詞《のりと》と宣命《せんみょう》と考える宣長にとって『古事記』はなくてはならない「いともあやしき言霊」を収集した口承文学であった。

『日本書紀』から天武が朝明郡《あさあけのこうり》迹太川の辺りで天武がアマテラスを望拝したことを知っていた宣長は、そのアマテラスは阿礼が誦習した『古事記』神代のアマテラスであると確信を強めこそすれ、加羅系崇神王朝が祭る日神アマテルであることに気が付かなった。

もとより宣長は万世一系天皇の始祖神アマテラスが天武・持統天皇によって構想され藤原不比等によって完成した新しい神であることを知らなかったのだから、天武が朝明郡の迹太川のほとりでアマテラスを望拝したことから、天武が阿礼に語ったことはまさに天武が皇祖神の言《こと》霊《だま》を語ったものと信じたのであろう。

◇白鳥が飛び立った地

『古事記』によれば白鳥が飛び立つ地は能煩野と河内国の志紀の二ヵ所だが、『日本書紀』は能煩野と倭《やまと》の琴弾原《ことびきはら》と古市邑《ふるいち》の三ヵ所である。『日本書紀』では能煩野を飛び立った白鳥は、御所《ごせ》の富田に降りる。ＪＲ和歌山線腋上《わきがみ》駅の西方約四キロの地にある白鳥陵から眺めることのできる葛城山・金剛山東山麓は素晴らしい。現在、国道三〇九号線は全長二四〇〇メートルの水越トンネルで大阪府河内郡千早赤《ちはや》坂村と奈良県御所市を結んでいる。

白鳥はどうして能煩野から御所に飛んだのだろうか。また白鳥が羽曳野の陵を飛び立ったとき、妃も皇子も何故追いかけなかったのだろうか。白鳥が飛ぶコースは第一次加羅系渡来集団である尾張連氏の移動を示している。尾張連氏の本拠には尾張説・大和葛城説・河内説があることはすでに述べた。百済の王子昆支が渡来して婿になった先は、倭の五王「讃・珍・済・興・武」の済が本拠をおく河内南部の大和川と石川流域の羽曳野《はびきの》台地であった。

白鳥は尾張能煩野→大和葛城→河内古市と順番に飛んだが、昆支が婿入りした倭王済の後裔氏族尾張連氏の権力支配は、白鳥の飛んだコースとは逆に河内古市→大和葛城→尾張と移動・拡大・分散している。金剛山地東麓の大和葛城地方は昆支が大王になってからの支配地であり、白鳥が最初に飛び立った尾張地方は大和葛城に続いて昆支大王の支配が及んだ地とみることができる。

◇望郷の母国百済

百済の王子昆支は高句麗の侵略によって百済が崩壊する前に倭国崇神王朝の倭王済に婿入りしたのち、百済ヤマト王朝の始祖王となった。百済系倭王朝の昆支を始祖とする大王家は乙巳《いっし》のクーデター（五三一年）を境に継体系と昆支系蘇我氏に分かれ、皇位継承の争いをした。乙巳のクーデターによって蘇我王朝を倒した継体系の天智と天武と加羅系渡来集団残存勢力の藤原氏は、百済系ヤマト王朝の始祖王昆支の出自と昆支系蘇我王朝三代（馬子・蝦夷・入鹿）を歴史から抹殺した。

ただし百済が継体系天智・天武にとっても母国であることには変わりない。天智政権による唐・新羅連合軍との白村江の戦いは、かつての高句麗との戦いとは次元をことにする東アジアのシステムを根幹から変えた。白村江の戦いは百済を出自とする天皇家にとってまさに国家存亡をかけた遠征であった。しかし百済はついに歴史から消え去った。

建国以来、侵略・逃亡・建国・崩壊を繰返し、辛酸をなめた百済。その百済から渡来した昆支（倭武）が創った倭国は、真秀《まほ》ろばの国、青垣山隠れる倭《やまと》し美しの国、あたかも蜻蛉《あきず》が交尾しているような国、虚空見《そらみ》つ日本《やまと》の国であった。

羽曳野台地を飛び立ったヤマトヤマトタケルの霊は昆支が生まれた地百済に向かって飛んだと、私は想像する。昆支の出自を隠そうとした昆支の末裔たちも、母国百済は否定しようとしても否定できないわが魂の故郷《ふるさと》であり、宣長のいう「物の哀れを知る心」であったと私からみれば、「物の哀れを知る心」は国家崩壊の辛酸を舐めた天皇家のトラウマということになる。『日本書紀』神武天皇三一年四月一日条に次のような意味深長な記事がある。〝意味深長〟というのは、神武天皇は昆支（倭王武、応神）の分身・虚像であるからだ。

天皇神武は国中を巡幸した。その時、腋上の嗛間丘《ほほまのおか》に登って、国の状況を視察して「ああ、なんと美しい国を得たことよ。内木綿《うつゆう》の本当に狭い国ではあるが、あたかも蜻蛉《あきず》が交尾している形のようでもあるよ」と言った。これによって秋津洲《あきずしま》という名が生じたのである。

昔、伊耶那岐尊《いざなき》がこの国を名付けて、「日本《やまと》は浦安の国、細戈《くわしほこ》の千足《ちだ》る国、磯輪上《しわのかみ》の秀《ほつ》真国《まこく》」と言った。また大己貴大神《おおあなむち》は名付けて「玉牆《たまがき》の内つ国」と言った。饒速日命《にぎはやい》は、天《あま》磐船《のいわふね》に乗って虚空《あおぞら》を飛翔して、この国を見下ろして天降ったので、名付けて、「虚空見日《そらみ》本の国」と言った。

◇「日本」という名の誕生

いわゆる「日本《やまと》」という呼称が使われるようになったのは、七世紀後半以降である。したがって、紀元前六六〇年の神武の時代に「日本」と呼ばれたこともありえない。『旧唐書』という五代晋の劉昫《りゅうく》（八八七―九四六）によって編纂された歴史書がある。「倭国日本伝」はこの史書の東夷伝のうちに収録されているが、ごく簡単なものである。この「倭国日本伝」が極めて刺激的なのは、いわゆる日本について「倭国伝」と「日本伝」に書き分けていることである。

この点について、日中交渉史の研究に大きな業績をあげた大庭脩《おさむ》は、『倭国伝』と『日本伝』の間の記事の断絶は、単なる言われているような編纂ミスではなく、白村江の戦いと壬申の乱を経たのち天武政権による日本国が成立したとする見解が中国側にあり、その結論がでないままに記述された可能性がある」と指摘している。『旧唐書』倭国日本伝には次のように書かれている。

日本国は倭国の別種なり。その国日辺にあるを以て、故に日本を以て名となす。あるいはいう。倭国自らその名を雅ならざるを悪《にく》み、改めて日本となすと。あるいはいう、日本は旧小国《もと》、倭国の地を併せたりと。その人、入朝する者、多く自ら矜大《きょうだい》、実を以て対えず。故に中国これを疑う。またいう。その国の界、東西南北各々数千里あり、西界南界は咸《みな》大海に至り、東界北界は大山ありて限りなし、山外はすなわち毛人の国なり。

『続日本紀』によると、文武天皇元年（六九七）八月一七日の「現御神《あきつかみ》による治天下宣言」の翌年の一二月二九日に、「多気大神宮を渡会郡に移した」とある。『アマテラスの誕生』の著者筑紫申真は、「天武天皇による大来皇女の斎王指名（六七三）から持統天皇一〇年（六九六）までは、プレ・アマテラス、プレ・皇大神宮の状態であったが、文武二年（六九八）の多気大神宮（瀧原宮。三重県度会郡大紀町滝原、JR紀勢本線滝原駅）の渡会《わたらい》（三重県伊勢市）への移転から事情は一変した」と指摘する。

というのは文武二年以降の伊勢神宮は他の神社とはちがった特別の祖廟として扱われるようになったからである。つまり筑紫申真はアマテラスの誕生は、草壁皇子が亡くなった時に柿本朝臣人麻呂が歌った「天照す、日女尊」（万葉集巻二）の持統三年（六八九）から文武二年までの一〇年の間であったと指摘している。

◇真弓岡陵と束明神古墳

「外《よそ》に見し　真弓《まゆみ》の岡も　君ませば　常《とこ》つ御門と　侍宿《とのゐ》するかも」という万葉集（一七四）の「真弓の岡」にあたる「真弓丘陵《まゆみがおか》」（別称岡宮天皇陵。所在地：奈良県高市郡高取町大字森、近鉄吉野線壺阪山駅下車）という宮内庁管理の天皇陵がある。そもそも真弓丘陵が岡宮と呼ばれるようになったのは天平宝字二年（七五八）八月孝謙天皇（聖武天皇と光明皇后の皇女）によって草壁皇子に「岡宮御宇天皇」と追号されてから、この真弓丘陵は草壁の墓とされた。

昭和四七年（一九七二）の高松塚古墳の発見以来、終末古墳の調査を進めてきた県立橿原考古学研究所（以下、橿原考古研）は昭和五九年と昭和六〇年の二次にわたって岡宮天皇陵の北方三〇〇mの佐田集落の奥にある束明神古墳《つかみょうじん》（所在地：奈良県高市郡高取町大字越智小字南西久保の春日神社境内）を発掘調査した。

調査の結果、束明神古墳は数回の盗掘によって副葬品が何も残っていないことや、古墳が八角墳であることがわかった。しかし石室内から検出された歯牙六本は青年期から壮年期男性の被葬者のものと推定され、また地元には古くから草壁皇子であるという伝承が残っていた。

古墳のある場所が「佐田」であること、墳丘が八角墳であること、石室内で見つかった人歯が草壁の死亡年齢とほぼ一致することから被葬者は草壁皇子の可能性が高いとされていた。ちなみに『万葉集』に収録されている柿本人麻呂による草壁皇子の死を悲しむ歌に「佐太の岡」

や「真弓の岡」が記されている。次に紹介する三首も柿本人麻呂もふくめた護衛・雑役・宿直など下級官吏らによる二四首の中にふくまれている。

・朝日照る佐太の岡辺に群れ居つつ吾等《あ》が泣く涙やむ時もなし（一七七）
・橘の島の宮には飽かねかも佐太の岡辺に侍宿しに往く（一七九）
・鳥座《とくら》立て飼ひし雁の子巣立ちなば真弓の岡に飛び還り来ね（一八二）

◇柿本人麻呂の死

柿本人麻呂の挽歌に「佐太の岡」や「真弓の岡」や「橘の島の宮」が記されているのは「記紀」編纂の指導的立場にいた藤原不比等にとっては不都合極まりない歌であった。言ってみれば「橘の島の宮」は大王馬子＝聖徳太子の居城であり、しかも天武＝大海人＝古人大兄皇子は大王馬子の娘法提娘郎《ほてのいらつめ》の子である。そして天武は大王馬子の孫にあたる。

柿本人麻呂の挽歌が不比等の構想する「アマテラスを祖とし初代天皇神武とする万世一系天皇の物語」にどれほどの障害になるのか、不比等自身が一番よく知っていたはずである。事実、『続日本紀』に元明天皇和銅元年四月二〇日条に「従四位下柿本佐留が卒した」と記されている。

柿本人麻呂が死去した和同元年は元明天皇が即位した翌年だが、元明は即位にあたり「不改《ふかいの》常典《じょうてん》」を宣言した。人麻呂は天武・持統に仕えた超一流の宮廷歌人であり、加えて草壁皇子は天武と持統の日嗣の皇子である。この日嗣の皇子の后《きさき》にあたる元明が即位した翌年に「人麻呂が死んだ」という一行にも満たない記事はよくないことを暗示している。

しかも「柿本佐留」の「佐留」は明らかに差別名〝猿〟に通じ蘇我王朝三代の馬子・蝦夷・入鹿の差別名に酷似している。柿本人麻呂は梅原猛が『水底の歌』でいみじくも指摘したように藤原不比等政権下で流罪あるいは刑死の罪に陥れられたとみるのが自然である。

佐田集落では幕末までこの束明神古墳を岡宮天皇陵として祭っていたが、明治維新政府は突然草壁皇子の御陵に指定するという通知を出したので、佐田村の人たちは強制移住を恐れて束明神古墳の石室を破壊してしまった。

その結果、明治政府の指定する御陵は佐田村の三〇〇メートル南の素戔嗚《すさのを》神社の本殿の地（現岡宮天皇陵）とされ、素戔嗚神社は御陵の東側に移されることになった。したがって真弓丘陵＝岡宮天皇陵は江戸末期から明治にかけて指定されたことがわかる。

というのは文久三年（一八六三）八月一三日孝明天皇が攘夷のための大和行幸を宣言するが、公武合体派（薩摩・会津）の政変によって挫折する。この年の一一月に神武天皇の陵が完成する。真弓丘陵が岡宮天皇陵とされたのは、おそらく天保五年（一八三四）の将軍は徳川家斉（在位一七八七――一八三七。天皇は仁孝）の時かもしれない。もちろん真弓丘陵は宮内庁の管理下にあり、発掘調査はできない（拙著『日本古代史問答法』「神武天皇の墓は神武田《じぶた》という小さな古墳を改造したものです」参照）。

◇「日十大王」＝ヤマトタケル

『日本書紀』景行天皇四〇年是年条に「かがなべて　夜には九夜《ここのよ》　日には十日を」という歌がある。訳者頭注によると「かがなべて」は「複数の日を並べて（万葉集二六三）」とある。『万葉集』巻第三の二六三は「馬ないたく　打ちてな行そ　日並《けなら》べて　見ても我が行く　志賀にあらなくに」という歌だ。この歌の「日並」は天武と持統の嫡子草壁皇子の〝日並知《ひなみし》〟に通じる。また先の柿本妃人麻呂の歌の解題「日並皇子尊《ひなみしみこと》の殯宮《あらきのみや》の時に柿本人麻呂の作る歌一首」の「日並」と同義である。

先の景行天皇四〇年の「かがなべて」は夜警の者がヤマトタケルのために歌ったものだが、最後の「十日」は意味不明だ。しかし「十日」の倒置（ひっくり返すこと）は「日十」となる。すると隅田八幡鏡銘文の「日十《ソカ》大王」の「日十」（倭王武＝昆支）と同義である。ヤマトタケルは大王になれなかった悲劇の皇子だ。しかし藤原不比等ら『日本書紀』編纂者は天皇になれなかった草壁皇子の分身・虚像としてヤマトタケルをつくった。しかし太安万侶の『古事記』序文には次のように書かれている。

上古においてはことばもその意味もともに飾り気がなくて、文章に書き表しますと、どういう漢字を用いたらよいか困難なことがあります。すべて訓を用いて記述しますと、字の意味と古語の意味とが一致しない場合がありますし、そうかといって、すべて音を用いて記述しますと、字の意味の古語の意味とは一致しない場合がありますし、文章がたいへん長くなります。

　それゆえここでは、ある場合は一句の中に音と訓を混じえて用い、ある場合は一つの事柄を記すのに、すべて訓を用いて書くことにしました。そして、ことばの意味のわかりにくいのは注を加えて明らかにし、事柄の意趣のわかりやすいのには別に注はつけませんでした。また氏においては「日下」をクサカと読ませ、名で「帯」の文字をタラシと読ませるなど、こういう類例は従来の記述に従い、改めませんでした。

　私は「氏においては『日下』をクサカと読ませ、名で『帯』の文字をタラシと読ませるなど」という箇所を読んで、すぐ次の三つのことが思い浮かべる。一つは隅田八幡人物画像鏡銘文の「日十大王」の「日十」のことであり、二つ目は『隋書』倭国伝の「姓は阿毎《あめ》、字《あざな》は多《た》利思比孤《りしひこ》」の「阿毎」と「多利思比孤《たりしひこ》」の「多利思《たりし》」である。

　そして三つ目は、日高見国より引き上げて常陸をへて甲斐国に至り酒折《さかおり》宮に泊まった夜に歌ったヤマトタケルの「新治　筑波を過ぎて　幾夜か寝つる」という問いに応えて歌った「日《か》日《が》並《な》べて　夜には九夜日には十日」のことである。

　夜警の老人の歌は「日に日に重ねて、夜は九夜、日では十日になります」と解釈されているが、日高見国から帰還したヤマトタケルに応えた歌としてはあまりにも淡泊すぎる。ヤマトタケルは隅田八幡人物画像鏡銘文「日十大王」の象徴と考えられる。歌の「日日」と「十日」は昆文を意味する暗号であろう。

暗号だとすれば「日十」は「十日」の倒置法による文字の逆転ではないだろうか。「日十大王」は百済から渡来した昆支であることはわかっている。そして『隋書』倭国伝の「阿毎多利思比孤」は大王馬子であることもわかっている。太安万侶は隅田八幡鏡の存在をたしかに知っていた。

「日本」が日下《ひのもと》の好字であることを知っていた太安万侶は、昆支＝倭王武（応神）の隠蔽工作の方法として『古事記』序文の「日下」とヤマトタケルの夜警の老人が歌った「十日」を結びつけることよって、密かに「日十大王」を暗示させせようとしたのだろう。

このようなことをつらつら考えて数日過ごしたのち、近くの区立図書館で偶然発見した小林敏雄著の『日本国号の歴史』（「日本呼称の由来と日下・扶桑・日域」吉川弘文館、二〇一〇年）から、夜警の老人が歌った「日日並《かがな》べて　夜には九夜日には十日」の謎を解く資料の所在を知ることができた。著者小林敏雄氏の趣旨を損ねないように、要約して紹介させていただく。小林氏が依拠する資料は、『「日本」とは何か』（神野志隆光）、『遣唐使の研究』（増村宏）、『続日本紀』、『山海経《せんがいきょう》』（高馬三良）などである。

日下・日域・扶桑も日本の由来を考えるうえで重要な称号である。ここでは増村宏の研究が参考になる。日下《じっか》は東晋の郭璞《かくはく》の注によれば、漢代の字書『爾雅《じが》』に書かれている「四極・四荒・四海」の四荒（觚竹・北、北戸・南、西王母・西、日下・東）は四海（九夷・東、八狄・北、七戎・西、六蛮・南）より外にあり、「四方極遠之国」である四極より内にあるとされている。

すなわち日下とは東方、日に出る所の下の国であって、そこは中国からみたとき、言語が通ぜず、礼儀・文章のない荒れた地の一つであった。

また『続日本紀』孝謙天皇天平勝宝四年（七四二）閏三月九日条の大使藤原清河（北家藤原房前の第四子）が遣唐使の時、唐の玄宗皇帝が「送日本使」と題して「御製詩」を贈与しているが、この五言詩《ごごんし》の中に日下がみえる。

また日本では最古の漢詩集といわれている『懐風藻』（選者未詳、天平勝宝三年成立）のなかにも「日下」がみえる。これは日のもと、日の照らす下、天子のひざもと、天下といった意味合いをもっている。例えば「日下《にっか》方塵に沐《よく》す」（采女朝臣比良夫の一首）とか「日下の皇都」（藤原宇合、藤原不比等の第三子、房前の弟）などにみえる。

また中国の最古の地理書である『山海経《せんがいきょう》』の「海外東経」に以下のようにみえる。

下に湯谷《ようこく》有り。湯谷上に扶桑有り、十日の浴する所、黒歯の北に在り、九日下枝に居り、一日枝に居る（「海外東経」）。

同じく『山海経』の「大荒東経」をあげる。

谷有りて湯源谷と曰ふ、湯谷の上には扶木（扶桑）有り。一日まさに至れば、一日まさに出づ、皆鳥を載せたり。

『山海経』をみると、日（太陽）は一〇個あって、それは水中の大木の下枝に九個、上枝に一個あって、湯谷の池で水欲したあと、一個ずつ湯谷の上にある扶桑の木から登っていく。そのとき、鳥をのせているという。

この一個の太陽（日）については、『山海経』「大荒東経」の所に、「東海の外、甘水の間に義和の国有り、女子ありて名づけて義和と曰ふ。方《まさ》に日を甘淵に浴せしむ。義和は、帝俊の妻にして、是れ十日を生む」とある。すなわち一〇個の太陽は義和という女子が生んだ子どもで、いつも甘淵で湯浴みさせていたという。のち、義和はわが子太陽を馬や龍にのせる御者として、天空をかけめぐるのである。

後日、私は『山海経』（平凡社ライブラリー）の訳者高島三良の次のような解説を読んですこぶる納得した。

『山海経』の序を書き、注をつけた郭璞《かくはく》は晋の武帝（在位二六五―二九〇）の咸寧二年（二七六）に山西省の聞喜《ぶんき》に生まれた。字《あざな》は景純《けいじゅん》、博学にして経術を好み、郭公について五行・卜筮《ぜい》を学び、元帝に優遇さえて著作佐郎になった。元帝（東晋第一皇帝司馬睿。在位三一七―三二二）の死後、王敦の記室参事となったが王敦に殺される（三二六）。年四九歳であった。

この解説から魏・蜀・呉から西晋（二六五―三一六）が興り、西晋が滅びたのち東晋（三一七―四二〇）→宋（南朝。四二〇―四七九）となり、宋は北魏と対立するいわゆる南北朝時代となる歴史的背景がまざまざと浮かび上がってくる。

ちなみに晋の武帝とは魏・蜀・呉三国の一つ魏を継いで晋を起こした司馬炎（在位二六九―二九〇）のことで、元帝とは三一七年南に下って健康に都をつくり、東晋（三一七―四二〇）を興した西晋の将軍琅邪王睿《えい》（在位三一七―三二二）のことである。

東晋は四二〇年劉裕によって滅ばされ、宋（四二〇―四七九、南朝）に代わった。『宋書』倭国伝に記録された倭の五王「讃・珍・済・興・武」については本書に縷々述べた通りである。そして倭の五王の「倭王武」は隅田八幡鏡銘文の「日十大王」（昆支王、応神）と同一人物である。

『山海経』に書かれているように、晋の武帝（在位二六五―二九〇）の時代の陰陽五行の思想は時をへて欽明天皇に伝えられた。『日本書紀』欽明天皇一四年（五五三）六月条に「医博士・易博士・歴博士を交代させ、百済に卜書《ぼくしょ》・歴本を送るように命じた」とある。このように卜書と歴本は百済から倭国に伝えられた。また推古天皇一〇年（六〇二）一〇月条には次のように書かれている。

百済の僧観勒《かんろく》が暦本と天文・地理・遁甲・方術の書物を献納した。この時、書生三、四人を選らび、観勒に付いて学習させた。陽胡史《やこふひと》の先祖珠陳《たまふる》は暦法を習い、大友主高聡《おおともすぐりこうそう》は天文・遁甲を学び、山背臣日立は方術を学んだ。

推古天皇一〇年（六〇二）は、これまで述べてきたように大王蘇我馬子＝アメノタリシヒコの時代であり、推古天皇も聖徳太子も大王蘇我馬子の分身・化身である。大王馬子は欽明天皇と皇后堅塩媛を埋葬するための日隈《ひのくま》大陵（見瀬丸山古墳）や益田岩船《ますだのいわふね》（古星台）や酒船石・亀石・猿石などをつくったことから、欽明天皇と堅塩媛の子である大王馬子は百済から天文・地理・遁甲・方術を積極的に受け入れたのは当然のことである。

◈『百済本記』の記事

元明天皇と『古事記』撰録のことで密接な関係があった太安万侶は、藤原不比等の長男藤原武智麻呂のもとで『日本書紀』編纂に深くかかわっていたことが上山春平の研究からも明らかになっている。藤原不比等とその子藤原武智麻呂の下で『日本書紀』は改竄された。次に述べることは日本古代史の根幹にかかわる虚構（虚と実）が隠されているもっとも重要な箇所である。

『日本書紀』継体天皇二五年（五三一年、辛亥年）一二月五日条に「天皇は病気が重くなった。七日天皇は磐余玉穂宮《いわれのたまほのみや》で崩御された。時に御年八二歳であった」と書かれ、その註（補足説明）として次の文が続いている。問題はこの記事である。

> ある本に、天皇は二八年（五三四）歳次甲寅《さいじこういん》に崩御されたという。しかしながら、ここに二五年（五三一）歳次辛亥に崩御されたというは、百済本記によって記載したものである。その文に「太歳辛亥《しんがい》の三月に、進軍して安羅《あら》に着き、乞乇城《こっとくのさし》を造営した。この月に、高麗はその王の安《あん》を殺した。また聞くところでは、日本の天皇と太子・皇子はともに薨去された」とある。辛亥年は二五年にあたる。後に勘合《かんごう》する者（調査研究する人）が明らかにするであろう。

　註の最後の「日本の天皇と太子・皇子はともに薨去された」を字句通りに理解すると「五三一年＝辛亥年に天皇と安閑・宣化は一緒に死んだ。その年は辛亥年＝五三一年である」となる。「百済本記」がいうように五三一年（辛亥）に継体天皇とともに安閑・宣化が死んだのであれば安閑・宣化は即位できるわけがない。しかし『日本書紀』編纂者は継体の次に安閑、そして安閑の次に宣化が即位したとしている。

　そのため後世の学者・研究者、並びに知識人は、安閑・宣化は即位したか、しなかったのかの論争を重ねてきているが、未だに解決されていない。しかしもし、太安万侶が『古事記』と『日本書紀』の編纂を同時に兼ねていたとするならば、隅田八幡人物画像鏡の銘文から明らかなように「日十大王」は倭王武（昆支）であり、「男弟王」は継体＝男大迹王であることを、

『古事記』編纂当時の太安万侶知っていたと考えられる。

元明天皇に『古事記』を献上した太安万侶だが、『日本書紀』にも『続日本紀』にも太安万侶が『古事記』や『日本書紀』の編纂にかかわったことは記されていない。しかし安万侶が元正天皇の霊亀元年（七一五）一月一日に従四位下に叙任されたことや、翌年（七一六）九月二三日に氏長《うじがみ》に任じられ、その七年後の元正天皇の養老七年（七二三）七月七日民部卿・従四位の位で亡くなったことが記されている。

おそらく太安万侶は「記紀」編纂の功績によって藤原不比等の長子藤原武智麻呂、次男房前《ふささき》に厚遇されたのであろう。とくに藤原房前を祖とする藤原北家は藤原四兄弟で最も繁栄した。のち藤原北家の子弟は光仁天皇（桓武天皇の父）の即位にそれぞれの働きをしている。

昭和五四年（一九七九）一月二一日奈良県此瀬町《このせちょう》（奈良市名張線のバス乗車、矢田原口バス停下車）の武西英夫所有の南側急斜面の茶畑から、方約二《メートル》、深さ約一・五《メートル》の「太安万侶の墓」が発見された。墓誌の銘文は「左京四条四防従四位下勲五等太朝臣安万侶癸亥年七月六日卒之。養老七年十二月十五日乙巳」とごく簡単なものである。

しかし太安万侶の系譜については『日本書紀』壬申紀に書かれている安万侶の父多臣品治から知ることができる。多臣品治は田原本町多の多神社の社家出身の武将であり、その子が『古事記』を編纂した太安万侶である。多臣品治は『日本書紀』壬申紀に「美濃国安八磨郡の大海人皇子の軍事的・経済的基盤である湯沐《ゆのうながし》の管理者多臣品治に連絡し、安八磨郡の兵を動員して不破の道を防いだ」とある。

『古事記』序文は元明天皇（文武天皇の妃、草壁皇子の母）に献上しながら、その内容は天武天皇の功績を讃えていることが次の序文（二段）を見ても明らかである。

飛鳥浄御原の大宮で大八州《おおやしま》を治めた天皇天武の御代に至って太子として天使たるべき徳を備え、好機に応じた。しかしながら天の時いまだ至らず、出家して吉野山に身を寄せ、人々が多く集って堂々と東国に進んだ。

軍勢は雷のように威をふるい稲妻のように進んだ。天武天皇しるしの赤旗が兵器を輝かすと、敵はたちまち瓦解し、またたくうちに妖気は静まった。すなわち心やすらかに大和に帰り、歌舞して飛鳥の宮にとどまった。そして酉《とり》の年の二月（実際は天武天皇二年二月）浄御原《きよみはら》で即位した。

天武天皇の政治は二気・五行の正しい運行に則《のっと》り、神の道を復興して良俗を奨励し、すぐれた教化を国に行きわたらせた。ここにおいて天皇は仰せられるには「私が聞くところによれば、諸家のもたらした帝紀と旧辞とは、既に真実と違い、偽りを多く加えているという。

今この時においてその誤りを改めないならば、幾年も絶たないうちにその本旨は滅びてしまうだろう。この帝紀と旧辞とはすなわち国家組織の根本となるものである。それゆえ帝紀と旧辞をよく調べ正し、偽りを削り、真実を定めて撰録し、後世に伝えようと思う」と言った。

時に舎人がいた。姓は稗田、名は阿礼といい、年は二十八であった。人柄は聡明で、目に触れると口で読み伝え、耳に一度聞くと心にとどめて忘れることはなかった。そこで阿礼に仰せられて帝皇の日嗣と先代の旧辞とを詠み習わせた。しかしながら時世が移り変わって、撰録は果たされるに至らなかった。

おおむね書き記した事柄は、天地の始まった時からして、小治田《おわりだ》の御世（推古天皇）に至る。そして天御中主神《あめのみなかぬしかみ》から日子波限建鵜草不合命《ひこなぎさたけうかやふきあえずのみこと》までを上巻とし、神倭伊波礼毘古天皇《かみやまといわれびこ》から品陀《ほむだ》（応神）の御代までを中巻、大雀皇帝《おおさざき》（仁徳）から小治田の大宮までを下巻とする。

たしかに太安万侶は『古事記』の構成について、上巻は神代、中巻は神武から応神まで、下巻は仁徳から推古天皇までとしたと書いている。『日本書紀』に比較すると、『古事記』は全体の三分の一を神代にあてているが、『日本書紀』は全体の一五分の一である。『古事記』は舒明から持統までの時期を扱っていないのに対して、『日本書紀』は全体の四分の一強をあてている。言うまでもなく舒明天皇は律令体制を固めた天智・天武の父であり、奈良遷都を実現し、『古事記』を上奏させた元明天皇の祖父である。

しかし『日本書紀』は舒明の出自や系譜について嘘をついている。『古事記』は舒明から持統までの時期を扱っていない。『日本書紀』舒明天皇二年（六三〇）条に「舒明と皇后宝皇女の間に生まれた第一子が葛城皇子（天智）、第二子が間人皇女《はしひと》、第三子が大海人皇子《おおしあま》という。

また舒明は夫人蘇我馬子大臣の娘法堤郎媛《ほてのいらつめ》との間に古人大兄を生む」と書いている。

しかし事実は古人大兄＝大海人＝天武であることがわかったばかりでなく、天武は天智の弟ではなく兄であることもわかったのである。それればかりはない。舒明も皇極も即位しなかったことが分かったのである（拙著『天武天皇の正体』）。

先に述べたように舒明から持統までの時期を扱っていない『古事記』編纂の太安万侶は天智と天武の関係を知っていながら何も語ることができなかったのは、「万世一系天皇の物語」に大きな障害になるからであり、またそれゆえにこそ舒明から持統までの時期を除外せざるをえなかったのである。

『日本書紀』編訳に多大なる業績を残した直木孝次郎（一九一九―二〇一九）は、次のように語っている。


注意しなければならないのは、近い時代の記憶に鮮明な事柄を書いた史書だからと言って、それは時代が近ければ近いほど単純に信用できない。とくに政府の事業として編纂される『日本書紀』は天皇の命によっては、例外を除いて編纂時の天皇や政府の都合の悪いことは削除・隠蔽され、都合の良いことは誇張される。かつての日本の歴史教科書が「満州国」を王道楽土の地と称え、日中戦争を聖戦としたことを想起するが明らかである。

事実、『日本書紀』が多くの分身・化身・虚像をつくり、あったことをないことにし、ないことをあったことにしている。もちろん都合よってはあったことをあった通りに書く時も多々ある。先述したように『日本書紀』と『古事記』は八世紀初頭（七二〇年）の継体・敏達系の舒明天皇の子天武によって企画され、藤原不比等の指導の下に完成した編年体の日本の正史だが、虚実半々の物語である。中大兄（天智）による古人大兄の殺害は、なかったことをあったかのように書いた典型的な例である。

しかし天武天皇＝大海人皇子＝古人大兄の母が大王蘇我馬子の娘法提郎媛《ほてのいらつめ》であるならば、古代日本国家形成の物語は根底から覆されると言って過言ではない。分身・化身・虚像が白日の下に露わになるからだ。詳しくは前著『天武天皇の正体』をご覧いただきたい。

おわりに

やっと本書が完遂《かんすい》した。その間、通い親しんでいたプールや図書館や映画館が閉鎖され、いわゆる新型コロナのパンデミック（世界的流行）や気候変動による自然災害や複雑な情報に、食と娯楽と心身のバランスに苦しめられた。今は一段落、安堵の感覚である。

『馬子の墓』から今度の『日本古代国家と天皇の起源』までの二〇冊は、まさに彩流社竹内淳夫さんの手を煩わした。氏の鷹揚な態度に深く感謝する。また、私は石渡信一郎の日本古代史の命題、仮説と言ってもよいが、「朝鮮半島からの新旧二つの渡来集団による古代日本国家の成立」を証明すべく著作を続け、今に至っている。

石渡信一郎は『百済から渡来した応神天皇』（二〇〇一年、『応神陵の被葬者だれか』の増補新版）の「まえがき」で次のように書いている。

七世紀以前の日本の歴史は、謎のヴェールに包まれてきた。日本人は古代中国やヨーロッパの歴史は知ってはいても、自分の国がどのように成立したかということについては、確実な知識を少しももっていない。これは日本の古代史の研究が停滞しているからである。

戦後、日本の古代史研究は、皇国史観から解放されて、大きく前進したかのように言われているが、実際は戦前とあまり変わっていない。この停滞は古代史学者や考古学者の史観に大いに関係がある。戦前の皇国史観に由来する「大和中心史観」が日本の古代史研究の発展を阻んでいるからである。

日本の古代史研究は相も変わらずアマテラスを祖とし、神武を初代天皇とする日本単一民族説、すなわち「皇国史観＝万世一系天皇」に依拠している。事実、国立博物考古館の隅田八幡鏡は多数の三角縁神獣鏡と見わけのつかないように置かれている（ワザとそうしているのか！）。国宝の中でも類例のない東アジアの歴史が刻まれている隅田八幡鏡があまりにも矮小化された扱いである。

それればかりではない。中・高校生の文部省検定歴史教科書の稲荷山鉄剣銘文の「辛亥年」が五三一年の可能性が大であるにかかわらず、いかなる説明もなく四七一年とし、ワカタケル大王を架空の専制的な天皇雄略としている。これが古代史学界・考古学者の実態であり、聖徳太子以前の日本の古代史にたいする学校教育の現在の姿である。

『日本書紀』が一三〇〇年を経た現在においても日本古代の正史として天皇の歴史＝日本の起源を知る必須の本であることは誰でも認めている。

しかし『日本書紀』はアマテラスを祖とし神武を初代天皇とする皇国史観に満ちた虚実半々の物語であることも知らなければならない。本書『日本古代国家と天皇の起源』は虚と実を知る一書として読んでいただければ幸いである。

二〇二〇年八月末日

林 順治

◎参考文献

〔全般〕

『日本書紀①〜③』（新編日本古典文学全集）、小島憲之・直木孝次郎・西宮一民・蔵中進・毛利正守校注・訳、小学館、一九九四年
『古事記』（新編日本古典文学全集1）、山口佳紀・神野志隆光校注・訳、小学館、一九九七年
『続日本紀』（現代語訳）宇治谷孟、講談社学術文庫、一九九二年

〔石渡信一郎の本〕

『アイヌ民族と古代日本』（私家版）、石渡信一郎、一九八四年
『日本古代王朝の成立と百済』（私家版）石渡信一郎、一九八八年
『応神陵の被葬者はだれか』石渡信一郎、三一書房、一九九〇年
『蘇我馬子は天皇だった』石渡信一郎、三一書房、一九九一年
『日本書紀の秘密』石渡信一郎、三一書房、一九九二年
『蘇我王朝と天武天皇』石渡信一郎、三一書房、一九九六年
『ヤマトタケル伝説と日本古代国家』石渡信一郎、三一書房、一九九八年
『日本地名の語源』石渡信一郎、三一書房、一九九九年

『増補新版　百済から渡来した応神天皇』石渡信一郎、三一書房、二〇〇一年
『蘇我大王家と飛鳥』石渡信一郎、三一書房、二〇〇一年
『日本神話と藤原不比等』石渡信一郎、信和書房、二〇〇一年
『日本神話と史実』（上・下）石渡信一郎、信和書房、二〇一二年年
『新訂・倭の五王の秘密』石渡信一郎、信和書房、二〇一六年

〔その他〕
『八幡宮の研究』宮地直一、理想社、一九五一年
『魏書倭人伝・ほか』石原道博編訳、岩波文庫、一九五一年
『日本民族の起源』岡正雄、江上波夫ほか、平凡社、一九五八年
『日本国家の起源』井上光貞、岩波新書、一九六〇年
『はにわ誕生』金谷克己、講談社、一九六一年
『津田左右吉全集』（第三巻、日本上代史の研究）、岩波書店、一九六二年
『天武天皇出生の謎』（増補版）、大和岩男、六興出版、一九六二年
『古事記と日本書紀』（坂本太郎著作集第二巻）、吉川弘文館、一九六五年
『騎馬民族国家』江上波夫、中公新書、一九六七年
『遊牧騎馬民族国家』護雅夫、講談社現代新書、一九六七年
『日本古代の国家形成 征服王朝と天皇家』水野祐、講談社現代新書一九六七年

『「おかげまいり」と「ええじゃないか」』藤谷俊夫雄、岩波新書、一九六八年
『法隆寺雑記帳』石田茂作、学生社、一九六九年
『古代朝日関係歴史』金錫亨著、朝鮮史研究会訳、勁草書房、一九六九年
『飛鳥仏教史研究』田村圓澄、塙書房、一九六九年
『日本神話』上田正昭、岩波新書、一九七〇年
『神々の体系』上山春平、中公新書、一九七二年
『隠された十字架』梅原猛、新潮社、一九七二年
『「邪馬台国」はなかった』古田武彦、朝日新聞社、一九七二年
『飛鳥随想』石田茂作、学生社、一九七二年
『「天皇制」論集』久野収・神島二郎編著、三一書房、一九七四年
『古事記成立考』大和岩雄、大和書房、一九七五年
『折口信夫全集』(第一巻、まれびとの意義)、中公文庫、一九七五年
『折口信夫全集』(第九巻、柿本人麻呂ほか)、中公文庫、一九七六年
『折口信夫全集』(『古事記』ほか)、中公文庫、一九七六年
『天皇の祭祀』村上重良、岩波新書、一九七七年
『蘇我蝦夷・入鹿』門脇禎二、吉川弘文館、一九七七年
「五世紀後半の百済政権と倭」(立命館文学433・434号)、古川政司、一九七八年
『百済史の研究』坂元義種、塙書房、一九七八年

『天武朝』北山茂夫、中公新書、一九七八年
『ゼミナール日本古代史』（上・下）上田正昭・直木孝次郎・森浩一・松本清張編著、光文社、一九七九年
『日本の神々』平野仁啓、講談社現代新書、一九八二年
『水底の歌』（上・下）、梅原猛、新潮文庫、一九八三年
『季刊・東アジアの古代文化４２号』（「古代王権の歴史改作のシステム」）井原教弼、大和書房、一九八五年
『八幡信仰』中野幡能、塙書房、一九八五年
『持統天皇』直木孝次郎、吉川弘文館、一九八五年
『持統天皇』吉野裕子、人文書院、一九八七年
『聞書き・南原繁回顧録』東京大学出版会、一九八七年
『藤ノ木古墳と六世紀』黒岩重吾・大和岩雄、大和書房、一九八九年
『遣唐使の研究』増村宏、同朋舎出版、一九八八年
『仏教』（特集〈天皇制を解読する〉法蔵館、一九八九年１１月号
『東アジアの古代文化（夏号六四号』（特集万葉集と古代史）、大和書房、一九九〇年
『季刊東アジアの古代文化（春・六七号』（特集天武天皇の時代）、大和書房、一九九一年
『見瀬丸山古墳と天皇陵』（季刊考古学・別冊二）猪熊兼勝編、雄山閣、一九九二年
『大化改新』遠山美都男、中公新書、一九九三年

『山海経』（平凡社ライブラリー）高馬三良、平凡社、一九九四年
『高松塚古墳』森岡秀人・網干善教、読売新聞社、一九九五年
『日本人の成り立ち』埴原和郎、人文書院、一九九五年
『伊勢神宮の成立』田村圓澄、吉川弘文館、一九九六年
『歴史と旅』（特集動乱！古代王朝交替の謎）、秋田書店、一九九三年一〇月号
『金光明経』壬生台舜、大蔵出版仏典講座、一九九七年
『埋もれた巨象』（岩波同時代ライブラリー）、上山春平、岩波書店、一九九七年
『秦氏とその民』加藤謙吉、白水社、一九九八年
『丸山真男講義録』（第四冊）丸山真男、東京大学出版会、一九九八年
『ヤマト渡来王朝の秘密』朴炳植、三一書房、一九九八年
『〈聖徳太子〉の誕生』大山誠一、吉川弘文館、一九九九年
『日本書紀の謎を解く』森博達、中公新書、一九九九年
『懐風藻』江口孝夫全訳注、講談社学術文庫、二〇〇〇年
『好太王碑研究とその後』李進熙、青丘文化社、二〇〇〇年
『季刊 東アジアの古代文化 102号』（特集「聖徳太子と日本書記」）大和書房、二〇〇〇年一月
『季刊 東アジアの古代文化 104号』（特集「聖徳太子の謎にせまる」）大和書房、二〇〇〇年八月
『アマテラスの誕生』筑紫申実、講談社学術文庫、二〇〇三年
『天皇と東大』立花隆、文芸春秋社、二〇〇五年

『季刊 邪馬台国 九二号』（「特集隅田八幡神社の人物画像鏡銘文の徹底的研究」）安本美典編集、梓書院、二〇〇六年
『謎の豪族蘇我氏』水谷千秋、文春文庫、二〇〇六年
『壬申の乱を歩く』倉本一宏、吉川弘文館、二〇〇七年
『アマテラスの誕生』溝口睦子、岩波新書、二〇〇九年
『大和王権と河内王権』（直木孝次郎古代史を語る⑤）直木孝次郎、吉川弘文館、二〇〇九年
『高松塚・キトラ古墳の謎』山本忠尚、吉川弘文館、二〇一〇年
『日本国号の歴史』小橋敏男、吉川弘文館、二〇一〇年
『天智と持統』遠山美都男、講談社現代新書、二〇一二年
『「古事記」成立の謎を探る』大和岩雄、大和書房、二〇一三年
『よみがえった原日本書紀』金森信和、和泉書院、二〇一三年
『伊勢神宮と天皇の謎』武澤秀一、文春新書、二〇一三年
「百舌鳥・古市古墳群出現前夜」（平成25年度春季特別展）、大阪府立近つ飛鳥博物館、二〇一三年
『天智天皇』森公章、吉川弘文館、二〇一六年
『日本書紀の呪縛』（シリーズ〈本と日本史〉①）吉田一彦、集英社新書、二〇一六年
『蘇我氏と馬飼集団の謎』平林章仁、祥伝社新書、二〇一七年
『日本辺境論』内田樹、新潮新書、二〇一七年
『丸山真男集』（第四集 正統と異端、東京女子大学丸山真男文庫編）、岩波書店、二〇一八年

『古代朝鮮語と日本語』金思燁、明石書店、一九九八年燁
『箱の中の天皇』赤坂真理、河出書房新社、二〇一九年
『皇室、小説、ふらふら鉄道』原武史・三浦しをん、角川書店、二〇一九年
『卑弥呼、衆を惑わす』篠田正浩、幻戯書房、二〇一九年
『「倭国」の誕生』仲島岳、海鳴社、二〇一九年
『ヤマト王権の古代学』坂靖、新泉社、二〇二〇年

〔著者紹介〕
林　順治（はやし・じゅんじ）
旧姓福岡。1940年7月、11人兄弟の末子として東京世田谷区下馬で生まれる。東京空襲の1年前の1944年、父母の郷里秋田県横手市雄物川町深井(旧平鹿郡福地村深井)に移住。県立横手高校から早稲田大学露文科に進学するも中退。1972年三一書房に入社。取締役編集部長を経て2006年3月退社。
著書に『馬子の墓』『義経紀行』『漱石の時代』『ヒロシマ』『アマテラス誕生』『武蔵坊弁慶』『隅田八幡鏡』『天皇象徴の日本と＜私＞1940-2009』『八幡神の正体』『古代七つの金石文』『法隆寺の正体』『アマテラスの正体』『ヒトラーはなぜユダヤ人を憎悪したか』『猫と坊っちゃんと漱石の言葉』『日本古代国家の秘密』『エミシはなぜ天皇に差別されたか』『沖縄！』『日本古代史問答法』『蘇我王朝の正体』（いずれも彩流社）。『応神＝ヤマトタケルは朝鮮人だった』『仁徳陵の被葬者は継体天皇だ』（河出書房新社）『日本人の正体』（三五館）『漱石の秘密』『あっぱれ啄木』（論創社）『日本古代史集中講義』『日本書紀集中講義』『干支一運60年の天皇紀』『八幡神の正体＜新装改定版＞』『天皇象徴の起源と＜私＞の哲学』『日本古代史の正体』『天武天皇の正体』（えにし書房）

日本古代国家《にほんこだいこっか》と天皇《てんのう》の起源《きげん》——運命《うんめい》の鏡《かがみ》　隅田《すみだ》八幡鏡《はちまんきょう》は物語《ものがた》る

2020年11月25日　初版第1刷発行　　　定価は、カバーに表示してあります

著　者　林　順治

発行者　河野和憲

発行所　株式会社　彩　流　社
〒101-0051　東京都千代田区神田神保町3-10　大行ビル6階
TEL 03-3234-5931 FAX 03-3234-5932
ウェブサイト　http://www.sairyusha.co.jp
E-mail　sairyusha@sairyusha.co.jp

印刷　明和印刷㈱
製本　㈱村上製本所
装幀　小林厚子

ISBN 978-4-7791-2711-3 C0021